VIVA O EXTRAORDINÁRIO

VIVA O EXTRAORDINÁRIO

— PR. LIPÃO

Editora Quatro Ventos
Rua Liberato Carvalho Leite, 86
(11) 3230-2378
(11) 3746-9700

Diretor executivo: Renan Menezes
Editora responsável: Sarah Lucchini
Equipe Editorial:
Lucas Benedito
Isaque Felix
Paula de Luna
Gabriela Vicente
Revisão: Erika Alonso
Diagramação: Vivian de Luna
Capa: Vinícius Lira

Todos os direitos deste livro são reservados pela Editora Quatro Ventos.

Proibida a reprodução por quaisquer meios, salvo em breves citações, com indicação da fonte.

Todas as citações bíblicas e de terceiros foram adaptadas segundo o Acordo Ortográfico da Língua Portuguesa, assinado em 1990, em vigor desde janeiro de 2009.

Todo o conteúdo aqui publicado é de inteira responsabilidade do autor.

Todas as citações bíblicas foram extraídas da Nova Versão Internacional, salvo indicação em contrário.

Citações extraídas do site https://www.bibliaonline.com.br/nvi. Acesso em março de 2020.

1ª Edição: Abril 2020

Ficha catalográfica elaborada por Geyse Maria Almeida Costa de Carvalho – CRB 11/973

D946v Duque Estrada, Filipe Falcão Palhares.

Viva o extraordinário: o extraordinário tem nome: Jesus / Filipe Falcão Palhares Duque Estrada (Pastor Lipão). – São Paulo: Quatro ventos, 2020.
240 p.

ISBN: 978-65-86261-00-4

1. Religião. 2. Deus. 3. Crescimento espiritual.
I. Título.

CDD 231
CDU 27-1

Sumário

Introdução **19**

1 O amor e a ira de Deus **25**

2 Organizando a bagunça **51**

3 Um banho de realidade **75**

4 Quem poderá nos defender? **93**

5 O milagre de três tempos **125**

6 Jesus inaugura o extraordinário **155**

7 Vida nova, *lifestyle* novo **179**

8 Escravos da liberdade **207**

Endossos

"A Epístola de Paulo aos Romanos continua a transformar a vida das pessoas, como fez com Martinho Lutero e John Wesley. E, nesta obra, meu amigo Lipão – com sua franqueza característica e autoridade como pastor dedicado e amoroso – expõe os tesouros de Romanos aos leitores contemporâneos."

DAVI LAGO
Pesquisador da PUC-SP e colunista da Revista HSM Management

"Nunca foi tão necessário entendermos biblicamente a respeito de um assunto tão deturpado e mal interpretado, como viver um Evangelho simples e, ao mesmo tempo, extraordinário. Sem dúvida, o pastor Lipão é uma das maiores referências sobre o tema,

com sua vasta experiência em discipulado de Cristo na igreja local. E com muita graça e entendimento, ele discorre sobre isso, que é tão importante para a geração dos dias de hoje. Então, mergulhe nesta leitura e saia impactado!"

FLAVINHO MARQUES
Pastor da Igreja Lagoinha Savassi

"Muitos estão se tornando peritos na pregação das Boas Novas da graça de Deus, do perdão violento do Pai, mas são analfabetos quando o assunto é a corrupção da humanidade. Por isso, considero o pastor Lipão um dos ministros mais equilibrados da nossa geração. Prepare-se para uma exposição ousada e sem rodeios do Evangelho. Boa leitura!"

DOUGLAS GONÇALVES
Líder e fundador do movimento JesusCopy

"Tenho o privilégio de ter amigos que admiro e que me edificam, não somente com conhecimento, mas com suas vidas. Lipão é um desses, que leva a sério o encargo recebido, sem 'maquiar' o Evangelho para que seja mais atraente, mas com base bíblica a fim de nos levar a lugares mais altos. Espero que você desfrute e viva o extraordinário. Seus melhores dias estão aí."

RODOLFO ABRANTES
Evangelista e ministro de louvor

"Em tempos em que a doutrina bíblica está sendo diluída por opiniões humanistas, este livro vem como um alívio, um balde de sobriedade para reavivar o amor às Escrituras. Que Deus nos dê amor pelo Evangelho genuíno, que nos confronta e nos transforma. E que esta obra leve você a lugares de sobriedade e paixão."

ALESSANDRO VILAS BOAS
Pastor da Igreja ONE e ministro de louvor

Dedicatória

Quero dedicar este livro ao meu pai, Evaldo Duque Estrada, que desde cedo se empenhou em apresentar o Evangelho de Jesus para mim. Sempre conservou um bom testemunho como pai e marido, dentro e fora de casa. Agradeço, principalmente, pelo seu pulso firme ao me levar semanalmente à igreja, inclusive para as escolas dominicais, mesmo que, em muitas ocasiões, não fosse o que eu queria. Apesar de, naquele contexto, eu achar tudo aquilo muito inconveniente, a seriedade dele com a congregação, com Jesus e com a Palavra me deixou um legado de amor e responsabilidade com relação às questões espirituais.

Agradecimentos

Eu agradeço, em primeiro lugar, a Jesus, por ter me resgatado e por Sua misericórdia ao me permitir ter acesso às verdades incomparáveis do Evangelho. Além de me salvar, também enviou o Espírito Santo para me consolar e instruir em toda a verdade, a fim de que eu possa agradar o coração do Pai.

Agradeço à minha esposa por ser uma mulher legitimamente auxiliadora. Junto a isso, por ser fiel, companheira e amiga no nosso plano de viver para a glória de Deus. Não tenho dúvidas de que, sem ela, não conseguiria realizar um terço do que o Senhor tem me permitido fazer.

Agradeço aos meus filhos, Joshua e Zion, por serem uma constante inspiração para mim no que diz respeito ao valor de educar a próxima geração segundo o Evangelho. Meus meninos comprovam que a instrução, na realidade, é a esperança do amanhã. Eles me ensinam todos os dias a amar a Jesus e a viver uma fé simples e sincera.

Agradeço à minha amada igreja local, Onda Dura Joinville, bem como todas as extensões dela, espalhadas

pelo Brasil e pelo mundo. Obrigado por acreditarem e confiarem na unção e na autoridade que estão sobre mim. Vocês são a minha riqueza.

Prefácio

Como bem sabemos, se hoje as igrejas podem se desenvolver em um ambiente consolidado, colhendo frutos duradouros por todos os lados, com toda certeza, existiram pessoas que decidiram dar os primeiros passos e iniciar a implantação de cada uma delas. Seguindo esse fluxo, é nossa responsabilidade, da Igreja do século 21, dar continuidade àquilo que já foi iniciado em gerações anteriores. Até porque, o que temos experimentado, não somente dentro dos templos, mas em todas as esferas da sociedade, é o resultado do esforço de nobres pioneiros que se posicionaram a favor do propósito divino.

Para que tudo isso fosse possível, nossos pais fundadores seguiram uma premissa simples, expressa por uma frase que eu ouvi há pouco tempo: "Podemos remodelar a estética sem alterar a genética". Isso significa, em termos práticos, que nossa mensagem não muda, mesmo que a embalagem seja adequada às transformações comportamentais e culturais. Sob essa ótica, conseguimos perceber que o corpo de Cristo tem sido aperfeiçoado para, assim, ser cada vez mais excelente no seu serviço ao Senhor.

Portanto, se aprendermos a valorizar a história que nos permitiu chegar até aqui, tiraremos muitas boas lições do passado, construindo um presente sólido e que nos levará a um futuro vitorioso.

E é justamente essa seriedade em relação à herança espiritual que eu busco ressaltar a respeito do autor desta obra, o Filipe Falcão, ou Lipão, como todo mundo o conhece. Ele é parte de uma nova geração de líderes que definimos como "contextualizados". Sua congregação, a Onda Dura, reflete essa característica na mesma intensidade, honrando a tradição, sem nunca fechar os olhos para a realidade atual. Como pastor há algum tempo, posso garantir que ele tem desempenhado um ótimo trabalho, sendo relevante em um tempo em que a Igreja precisa bilhar mais do que nunca.

Neste livro, o pastor Lipão transmite esse equilíbrio entre a tradição e a novidade de uma forma muito específica: dando a ênfase à imutabilidade do Evangelho e mostrando como ele se aplica de muitas formas à nossa vida hoje. Sua mensagem não dilui e nem altera o conteúdo bíblico, pelo contrário: em uma época onde muitos desvios da Verdade são propagados, ele se posiciona pela sã doutrina.

Mais do que isso, acredito que as páginas que você está prestes a ler promovem tanto um panorama geral do Evangelho como a macrovisão do plano de salvação, que é abordada de forma prática e completa. Afinal de contas, não há salvação se não existe consciência do

pecado e da condenação. Não há justificação se não existe culpa. Não há misericórdia sem juízo.

Na contramão dessas afirmações, muitos reduziram a mensagem de Cristo a um punhado de frases de efeito que não traduzem sua essência. Por causa disso, as "peças do quebra-cabeça" doutrinário precisam ser devidamente encaixadas para que possamos contemplar o quadro completo. E essa é a proposta da abordagem que você contemplará nos próximos capítulos.

Por isso, eu peço que você abra a mente para que sua experiência não esteja limitada a uma simples leitura. Depois de receber cada uma das verdades contidas nas próximas páginas, não hesite em reservar alguns momentos para meditar, refletir e estudar cada revelação. Dessa forma, além de entendê-las, você poderá vivê-las e transbordá-las na vida de outras pessoas!

LUCIANO SUBIRÁ
Pastor sênior da
Comunidade Alcance Curitiba
Líder e fundador do ministério
de ensino Orvalho.com

Introdução

Vivemos em uma sociedade onde as aparências são o cartão de visita de quase todo mundo. Ter muitos seguidores nas redes sociais, postar cada detalhe do dia e ser bem relacionado é a métrica para uma pessoa se tornar relevante e chamar a atenção que deseja. Seguindo esse raciocínio, a tal da ostentação financeira passou a significar sucesso, e a diversão sem limites se tornou o maior sinal de que alguém é feliz. No entanto, por trás dos holofotes dessa "fama", encontramos pessoas depressivas, gananciosas, egoístas e sofrendo de toda ordem de doenças físicas e psicológicas.

O pior é que muitos se afundam cada vez mais nessa realidade, e a disfarçam com belas imagens, zombaria ou discursos apaixonados, quando, na verdade, não conseguem encontrar um propósito, um objetivo real a alcançar. Esse é o reflexo de uma humanidade que ignora a existência do Criador e está distante da Sua vontade.

Por outro lado, vemos aqueles que, pela graça de Deus, foram resgatados dessa vida miserável, mas se apegaram à religiosidade em vez do verdadeiro

Evangelho. Assim, pensam que viver pautados por diversos comportamentos e práticas automáticos, prescritos pela religião, aplacará seus problemas. Isso é o que podemos considerar uma vida medíocre, em que uma pessoa tem acesso ao Deus que é capaz de dar todo sentido e propósito a nós, mas escolhe ficar presa a uma perspectiva superficial da vida cristã. Com isso, eu lhe pergunto: de que adianta conhecer ao Senhor e desprezar a oportunidade de se aprofundar n'Ele e em Sua vontade?

Entretanto, em meio a este mundo conturbado, podemos ouvir o clamor do Deus Todo Poderoso para que Sua criação volte os olhos para o que realmente importa: o Evangelho, as Boas Novas do Senhor para pecadores como nós. Desse modo, viver em miséria ou em mediocridade não é o que o Senhor sonhou para ninguém. Existe um convite do Céu para que tenhamos uma vida extraordinária, pois, se servimos a um Deus Grandioso, devemos saber que Ele nos criou para um propósito muito maior do que aquilo que podemos imaginar.

É justamente por essa razão que a própria Bíblia nos indica a única solução para o problema da miséria e da mediocridade humana: Jesus Cristo, o Filho de Deus encarnado. Ele é o Cordeiro que retira o pecado do mundo (João 1.29), a porta para uma vida além da existência banal em que muitos estão aprisionados. E isso só é possível pois Jesus nos chama de braços abertos para que vivamos acima das nossas incapacidades e limitações, tudo por meio do milagre sobrenatural operado na cruz do Calvário.

Foi para isso, e nada menos do que isso, que fomos formados. Logo, andar distantes desse propósito é desperdiçar a vida que nos foi dada por nosso Pai Celestial. Por isso, o Messias é Aquele que nos chama para o novo, para "fora da caixa", para o extraordinário. E a fim de que isso aconteça, é necessário que Ele nos cure de uma mentalidade reduzida sobre nós mesmos, que nos leva a ficar presos em um cotidiano repetitivo e sem um objetivo que vá além de nós mesmos.

Sendo assim, o Evangelho não é simplesmente um convite para a moralidade, mas para adentrarmos uma nova vida, ou seja, para passarmos por uma regeneração. É a chance que temos de romper com os limites impostos pelo pecado e seu jugo de escravidão. Então, quando Jesus decidiu entregar Sua vida naquela cruz, Ele estava nos convidando para algo muito maior do que apenas sobreviver e nos encaixar em algum tipo de aprovação moral da sociedade:

> Digo a verdade: Aquele que crê em mim fará também as obras que tenho realizado. Fará coisas ainda maiores do que estas, porque eu estou indo para o Pai. (João 14.12)

Quando o Mestre disse essas palavras, Ele não estava partindo da perspectiva de quem somos, mas

levando em conta tudo que o milagre da cruz poderia operar em nós. E um exemplo do poder dessa obra redentora se encontra na história de Estêvão, descrito como um "homem cheio da graça e do poder de Deus" e que "realizava grandes maravilhas e sinais entre o povo" (Atos 6.8). Sua ousadia o levou a ser condenado pelo Sinédrio ao apedrejamento, mas a intimidade que tinha com o Senhor permitiu que, momentos antes de sua morte, tudo o que ele visse fosse a glória do Trono de Deus.

São feitos como o de Estêvão que estão à disposição de todo aquele que se submete à obra redentora de Cristo. Isso, porque Deus, através de nós, seus representantes nesta Terra, quer provocar o extraordinário neste mundo, desafiando a lógica do que consideramos normal e aceitável.

Portanto, se pudermos compreender o tamanho da nossa miséria e passarmos pela justificação do sangue do Cordeiro, sem sombra de dúvidas, teremos uma vida extraordinária. Mas, para isso, não podemos continuar ignorando nossa incapacidade de resolver nossos próprios dilemas e lidar com a maldade que habita em nossos corações sozinhos.

Em razão disso, creio que esta seja a hora de clamar pela ajuda divina e aceitar Sua maravilhosa graça. Assim, não nos tornaremos simplesmente bons ouvintes dessa verdade excepcional, mas estaremos dispostos a realizar, com todas as forças concedidas pelo Espírito Santo, aquilo que o Criador planejou para nós.

Diante disso, não podemos nos conformar com nossas atitudes automáticas nem com nossa realidade medíocre. E é por esse motivo que este livro é mais do que um convite para novas ações, é um encorajamento para que creiamos no milagre da cruz. Que por meio destas páginas você compreenda que somente em Jesus e através d'Ele podemos viver o extraordinário.

O amor e a ira de Deus

Capítulo 1

Dentre todos os sentimentos que existem, o que mais é colocado em evidência é o amor. Quem já sentiu o coração bater mais forte quando estava próximo de alguém especial ou um apreço enorme por algum lugar? Com certeza, isso é algo que a grande maioria busca ao longo da vida. Além disso, é bem comum vermos aquelas enormes declarações de amor em redes sociais, balões em formato de corações, caixas de chocolate e tantas outras coisas. Inclusive, há pessoas que parecem voltar todas as suas expectativas para o tão aguardado 12 de junho, Dia dos Namorados, na esperança de sentirem o tal amor de que todos dizem desfrutar.

Seguindo esse raciocínio, parece que esse sentimento se transformou no propósito de vida de muitos, ainda que sem saber necessariamente o que o amor significa. De fato, o que contemplamos é uma carência coletiva, que espera ser resolvida por uma suposta sensação que trará completude e resolverá todos os problemas. Mesmo os Beatles, com tantas canções memoráveis, imortalizaram o hino *All you need is love*[1] (Tudo o que você precisa é o amor). Mas será que tudo isso representa o amor verdadeiro? Ou é simplesmente uma ilusão que mascara o que é real?

Hoje, o conceito de amar tem sido diluído na ideia de abrir mão da verdade em prol da aceitação e do conforto. Ou seja, uma pessoa só é considerada

---

[1] LENNON, John; MCCARTNEY, Paul. **All you need is love**. Londres: Parlophone, 1967.

> *A base para entender o amor não deveria ser uma sensação que satisfaz superficialmente nossas carências, mas, sim, o nosso Criador.*

como alguém que ama quando aceita tudo o que o outro faz, quando, na realidade, isso não representa a essência desse sentimento. Isso é devido ao fato de que a humanidade perdeu sua referência. A base para entender o amor não deveria ser uma sensação que satisfaz superficialmente nossas carências, mas, sim, o nosso Criador. Ele, a expressão verdadeira de tudo o que é bom, é declarado em sua própria Palavra como o Amor (1 João 4.8). Então, onde foi que isso se transformou no que conhecemos atualmente? Como um sentimento tão abrangente foi reduzido apenas a datas comemorativas, abraços e palavras bonitas? Talvez a interpretação do Homem o tenha cegado quanto ao que envolve a compreensão do Amor e do ato de amar na perspectiva divina. Prova disso é a quantidade de pessoas que se afastam de Deus por não entenderem que Ele não nos ama apenas com cuidado, afeto e ternura, mas também com correção, juízo e ira.

Sim, em um primeiro momento pode soar estranho, mas a ira divina nada mais é do que uma demonstração do amor que provém

> *Ele não nos ama apenas com cuidado, afeto e ternura, mas também com correção, juízo e ira.*

do próprio Deus. A respeito disso, a Bíblia dá vários exemplos da manifestação desse amor nas mais diversas formas, inclusive na correção de um Pai cuidadoso. Por mais que possa ser descrito como um sentimento de entrega total (João 3.16), ele nunca ignora a disciplina, o castigo (Hebreus 12.5-6) e muito menos a repreensão (Provérbios 3.12). Esses elementos podem causar um grande choque às nossas definições atuais do que é amar, pois não estamos acostumados a relacioná-los com esse sentimento. Mas podemos ir ainda mais fundo, afirmando que até a ira faz parte dos atributos do amor divino. É isso que o apóstolo Paulo aponta no livro de Romanos, ao falar sobre essa ira que é manifestada como forma da Justiça de Deus:

> Portanto, a ira de Deus é revelada dos céus contra toda impiedade e injustiça dos homens que suprimem a verdade pela injustiça humana. (Romanos 1.18 – KJA)

Porém, não podemos confundir essa ira de Deus com aquela que a sua namorada ou namorado sente quando você "dá alguma mancada". Muito menos aproximá-la do sentimento que temos quando brigamos com algum amigo. A ira do Senhor é diferente da humana,

> *A ira do Senhor é diferente da humana, pois não é fruto do egoísmo ou do desejo de obter alguma coisa.*

pois não é fruto do egoísmo ou do desejo de obter alguma coisa. Pelo contrário, é concebida por meio da justiça, uma virtude que só é plena no próprio Deus.

Para enxergar melhor a diferença entre a justiça humana e a divina, podemos observar a forma como o Sistema Judiciário Brasileiro foi configurado, dando margem para diversas brechas e interpretações que visam a distorção da lei. Ministros do Superior Tribunal de Justiça (STJ) deixaram de ser apenas homens e mulheres que atuam no cumprimento da Constituição Federal, tornando-se intérpretes das leis segundo as circunstâncias. Enquanto isso, os Mandamentos estabelecidos pelo Senhor permanecem imutáveis, assim como Seu autor. A própria Palavra afirma que Suas leis são perfeitas e dignas de confiança, pois revigoram nosso ser (Salmos 19.7).

Agora, pense comigo em outra situação que podemos usar para exemplificar essa ideia. Imagine que alguém estupre um familiar seu ou ente querido que estava indo ao trabalho. A tragédia causa nessa pessoa todo tipo de malefício emocional, físico, psicológico e até espiritual. Seja transparente: que tipo de sentimento você teria pelo criminoso que cometeu esse ato? Por favor, em um momento como esse, não me venha com falsa espiritualidade. Eu posso dizer que se algo assim acontecesse dentro da minha casa, meu interior seria consumido por um único sentimento: ódio mortal. E

não adianta negar: com você não seria diferente. No meu caso, garanto que apenas o Espírito Santo poderia mudar meu coração e colocar um pouco de misericórdia nele. Meu senso de justiça humana afloraria de uma maneira que eu, de fato, não sei o que faria.

Por outro lado, o próprio Deus passou por algo semelhante. Ele viu Seu próprio Filho ser torturado, humilhado, caluniado e morto injustamente, e não interferiu de maneira alguma. Por maior que fosse a dor de observar aquelas cenas de sofrimento, Ele sabia que agir naquele momento significaria frustrar todo o plano de redenção da humanidade, assim como impediria a glorificação de Seu Filho na ressureição. Ou seja, ao contrário do que nós faríamos, em vez de punir ou matar os agressores de Jesus, Deus decidiu salvá-los. Seria impossível para um ser tão limitado como o homem agir dessa forma.

Porém, uma vez que a ira de Deus não é suscitada da mesma forma que a nossa, quais seriam então os principais fatores que a provocam? O versículo 18 de Romanos 1, citado acima, contém dois exemplos. A primeira ofensa ao Senhor descrita nessa passagem é a impiedade. Você, com certeza, já ouviu a palavra "ímpio", principalmente se referindo aos textos bíblicos. A impiedade nada mais é do que a atitude do ímpio – caracterizado como aquele que não tem fé ou possui desprezo pelas coisas da religião. Sendo assim, Paulo está dizendo que a ira divina se manifesta contra a humanidade por causa do abandono daquilo que é espiritual, que culmina em um distanciamento do Senhor.

A segunda afronta ao Altíssimo, citada no trecho de Romanos, é a injustiça, termo que se refere à violação dos direitos do outro. Isso significa que a injustiça transforma um pilar estabelecido na eternidade e concedido ao mundo como uma dádiva celestial em apenas mais um objeto de barganha. Veja bem, a nossa geração pode ser qualificada como "a geração dos direitos". Atualmente, existe um foco enorme em questões como direitos humanos, civis e muitos outros. E a grande verdade é que, sim, dentro de uma sociedade, em uma organização, ou em uma comunidade com seres humanos, é muito importante que tenhamos essas garantias. Todavia, esses mesmos direitos provêm de deveres anteriores a eles, logo, existem condições para que eles sejam conquistados. Mas existe um privilégio que foi depositado por Deus na essência do Homem antes mesmo de direitos e deveres terem sido estabelecidos: pertencer a Ele.

Em uma ótica contemporânea, encare o cenário de uma patente. É comum vermos inventores, cientistas e pessoas de espírito empreendedor que, após terem realizado uma grande descoberta, fazem de tudo para registrá-la. A partir daí, esse indivíduo é proprietário daquele objeto ou ideia, sendo titular de todos os seus direitos, citações e tudo mais que você possa imaginar.

Da mesma forma, Quem nos criou tem direitos sobre nós.

Semelhantemente, durante a formação do ser humano, Deus soprou dentro de cada um o seu Espírito, como uma assinatura de fábrica, uma marca do construtor. Contudo, resolvemos nos considerar autossuficientes, tomando nossas próprias decisões, e a maioria delas contrária à vontade do Senhor. Isso nos tornou, como está em 1 Pedro 2.25, "ovelhas desgarradas", sem um Pastor que pudesse no conduzir em nossas ações, entregues ao domínio das trevas. Por isso, mais uma vez fomos adquiridos, ou melhor, resgatados por Quem sempre foi nosso dono por direito, através do sangue de Jesus Cristo. Contudo, se essa dinâmica for rompida e o plano divino, rejeitado, o resultado direto só poderá ser, mais uma vez, a injustiça, que se traduz no pecado.

Para compreendermos melhor o que ocasiona tal ruptura, precisamos entender algo essencial: qual é a maneira mais básica de se definir o que é pecado? A resposta é simples: tudo aquilo que eu faço ou penso que contradiga a natureza de Deus. O pecado gera um contraste entre o caráter divino e o nosso. Ele ressalta nosso individualismo como um ser falho e que está distante do padrão de moralidade divino. Diante

> *O pecado gera um contraste entre o caráter divino e o nosso.*

disso, o que mais me causa tristeza é o fato de termos sido gerados pelo Pai para desfrutarmos de uma vida de plenitude, porém a contaminação com o pecado nos privou desse projeto.

Quando fugimos dessa verdade e tentamos nos basear em nossa própria justiça, ou em meros exemplos humanos, feitos de carne, nivelamos nossas referências muito abaixo do que o Pai espera de nós. Na realidade, quando estabelecemos nosso padrão de qualidade, de acordo com seres que têm o pecado como uma condição pessoal de oposição ao Senhor, agimos como antagonistas à vontade de Deus em todas as áreas em que pecamos, e isso precisa ser combatido.

Neste instante, você poderia me dizer: "Mas, pastor, eu sou uma pessoa boa!". E eu poderia considerar a possibilidade de isso ser verdade. Mas sejamos sinceros: por mais que fizéssemos alguns ajustes, o máximo que conseguiríamos seria causar uma boa impressão. Porém, fato é que a História já nos provou inúmeras vezes que a figura exterior pode enganar, basta identificar a quantidade de ideologias errôneas e falsos líderes que se levantaram travestidos de bons cidadãos, causando, depois de pouco tempo, traumas e decepções que perduraram por muito tempo. Como exemplo, podemos lamentar e chorar ao ver tantas pessoas que morreram nas mãos de regimes totalitários, como o nazismo alemão, o comunismo chinês e o russo, por exemplo, e tudo isso por rejeitarmos os desígnios superiores de Deus.

Ainda assim, a nossa obsessão por aparência é tão intensa que não é raro sacrificarmos o que realmente importa pela aprovação social.

> São muitas as situações em que estamos tão preocupados com a aceitação ou a rejeição das pessoas que deixamos a vontade de Deus de lado.

Por exemplo, em nossa época, é muito comum ficarmos sabendo de algum escândalo envolvendo jogadores de futebol do mundo inteiro, pessoas colocadas no patamar de ídolos. Quando isso acontece, durante várias semanas, somos bombardeados com notícias que revelam intimidades sobre o atleta e a situação em que ele se colocou. E, muitas vezes, a pessoa é transferida de um lugar de referência para muitos a uma exposição extremamente negativa, que faz com que a sociedade inteira avalie minuciosamente cada atitude do envolvido. Em meio a tudo isso, eu me pego pensando que, de certa maneira, o grande erro de quem passa por isso é esquecer que a internet e a opinião pública não têm poder real para julgá-lo, deixando-se abalar demais por essas coisas. Contudo, o seu destino depende mesmo é de uma audiência, em que o juiz decide quem é culpado e inocente, não interessando o que os outros pensam a respeito. O retrato de casos assim é muito semelhante ao que acontece conosco. São muitas as situações em que estamos tão preocupados com a aceitação ou a rejeição das pessoas que deixamos a vontade de Deus de lado, o nosso juiz justo e perfeito, em segundo plano.

Entretanto, para irmos mais a fundo na questão da impiedade e da justiça, é importante entendermos o que Paulo fala a respeito da natureza dessas coisas. A passagem de Romanos 1 afirma que as duas são provenientes de uma mesma raiz – a supressão da verdade. A tradução literal da palavra "supressão" traz a imagem de alguém se afogando, enquanto outra pessoa o detém embaixo da água até que morra. O que Deus está dizendo é que a humanidade faz exatamente isso: afoga a verdade até que ela não possa mais respirar. O problema é que a verdade é Cristo, e quando você tenta matá-lO, Ele ressuscita! Não há como matar a verdade, mas, mesmo assim, o homem tenta agir como repressor daquilo que é genuíno. Agora imagine Deus assistindo a toda nossa perversidade e conhecendo nossas intenções mais profundas. Veja o que Jeremias diz a respeito disso:

> *O problema é que a verdade é Cristo, e quando você tenta matá-lO, Ele ressuscita!*

> O coração é mais enganoso que qualquer outra coisa e sua doença é incurável. Quem é capaz de compreendê-lo? Eu sou o Senhor que sonda o coração e examina a mente, para recompensar a cada um de acordo com a sua conduta, de acordo com as suas obras. (Jeremias 17.9-10)

Com isso, você acha que o fato d'Ele estar irado com a humanidade não é justo ou está incorreto? Preciso ser muito franco em minha convicção: se o Senhor não estivesse bravo conosco, eu não confiaria n'Ele. Se a Sua ira não estivesse acesa contra o meu pecado, Ele não seria digno da minha entrega.

> *Se a Sua ira não estivesse acesa contra o meu pecado, Ele não seria digno da minha entrega.*

Seria como qualquer falso ídolo que passa "panos quentes" no pecado humano por interesse próprio, e eu posso garantir a você que esse não é o verdadeiro Deus. A prova disso é a existência de um lugar de condenação e juízo contra aqueles que seguem em uma vida de perdição – o Inferno.

Muitas pessoas pensam equivocadamente que o Inferno é o que é apenas pelo fato de Deus não estar lá. Mas preciso lhe dizer que esse lugar é justamente a expressão da ira divina, onde nem mesmo nosso adversário possui poder para mandar. O Altíssimo está castigando aqueles que pecaram contra Ele, e o que mais nos surpreende: de forma justa. Eu não sei como algumas pessoas não conseguem entender que nós merecemos ir para lá. Não compreendo a dificuldade que muitos têm em atinar, à luz da Palavra, o quanto somos dignos desse sofrimento. Pode parecer espantoso, mas se irar é natural a quem é justo em relação ao pecado. Tendo isso em mente, quero que você faça algumas indagações sobre sua moralidade:

1. O que um Deus bom faz com pessoas más?

2. O que bons policiais fazem com criminosos cruéis?

3. O que um bom pai faz com filhos desobedientes?

Depois de refletir sobre essas questões, muitos podem se perguntar: Se Deus é verdadeiramente justo, como Ele pode perdoar pecadores? Como Ele pode ser santo e, ao mesmo tempo, convidar os perdidos para sentarem-se à sua mesa? Somente por meio das Boas Novas transmitidas por Seu Filho, Jesus Cristo.

Para entendermos melhor essa dinâmica, vamos falar sobre um dos cenários mais grotescos da Bíblia, a crucificação. Você se lembra de quando Jesus estava no Getsêmani, e lá orou ao Pai pedindo que, se possível, afastasse aquele cálice? No fim de Sua oração, Ele diz: "[...] contudo, não seja feita a minha vontade, mas a tua" (Lucas 22.42). O Mestre estava rogando que, se assim o Senhor permitisse, Ele pudesse passar adiante aquele momento. A mesma palavra cálice traz à memória uma perspectiva bíblica encontrada em Apocalipse 16: as sete taças da ira de Deus. Isso nos leva a um pensamento chave: você sabe qual foi o cálice que Jesus bebeu na cruz do Calvário? Eu acredito que tenha sido o cálice da ira de Deus.

Não era o Diabo que estava pregando o Salvador no madeiro. Era o Pai que, como Abraão (Gênesis 22), estava entregando Seu Filho no altar para ser propiciação pelos nossos pecados. Foi uma entrega e tanto, um alto sacrifício. Não foram os romanos e nem os judeus que renderam Jesus no Gólgota, assim como Cristo sempre declarou veementemente:

> Agora meu coração está perturbado, e o que direi? Pai, salva-me desta hora? Não; eu vim exatamente para isto, para esta hora. (João 12.27)

Jesus mesmo profetizou a respeito de Sua morte e ressurreição, dizendo que o templo seria destruído, mas Ele o reergueria em três dias (João 2.19). Na cruz, a ira de Deus contra todo o pecado da humanidade estava posta sobre os ombros de Jesus. Por isso, Isaías disse que: "Ele levou sobre si os nossos pecados, foi esmagado por nossas iniquidades e o castigo que nos trouxe a paz estava sobre ele" (Isaías 53.4-5). Veja bem, Jesus bebeu o meu e o seu cálices.

> *Não era o Diabo que estava pregando o Salvador no madeiro.*

Portanto, a resposta para as perguntas feitas anteriormente sobre como Deus pode perdoar os pecadores está na Cruz de Cristo. Por Sua graça e misericórdia, Ele decidiu nos amar, não por termos algum valor, mas simplesmente pelo valor que existe n'Ele. Pela fé, nos foi dado acesso à salvação eterna.

Contudo, a importância desse amor e do sacrifício expressos na Cruz, com o passar dos anos, foi se perdendo. Assim como o próprio conceito de amor, que teve seu significado substituído por um sentimento genérico, a presença e até mesmo a existência de Deus também começaram a ser questionadas e deturpadas. Em certa medida, o ato de duvidar ganhou um status positivo e mergulhou a humanidade em um buraco maior do que se poderia imaginar. E sabendo que muitos inventariam as mais bizarras desculpas para ignorar os sinais claros de seu poder, o Criador deixou expresso em Sua Palavra:

> Pois o que de Deus se pode conhecer é manifesto entre eles, porque Deus lhes manifestou. Pois desde a criação do mundo os atributos invisíveis de Deus, seu eterno poder e sua natureza divina, têm sido vistos claramente, sendo compreendidos por meio das coisas criadas, de forma que tais homens são indesculpáveis; porque, tendo conhecido a Deus, não o glorificaram como Deus, nem lhe renderam graças, mas os seus pensamentos tornaram-se fúteis e os seus corações insensatos se obscureceram. Dizendo-se sábios, tornaram-se loucos. (Romanos 1.19-22)

O engraçado é que, nesse versículo, Paulo, sem saber, estava descrevendo a personalidade de grandes pensadores que influenciariam as épocas vindouras. Temos, por exemplo, Freud dizendo que a "crença num ser espiritual superior, cujas qualidades sejam indefiníveis e cujos intuitos não possam ser discernidos, não só estarão à prova do desafio da ciência, como também perderão sua influência sobre o interesse humano"[2]. Além disso, tantos outros sábios loucos ao longo da História colocaram o Senhor de escanteio, embriagados pelo falso conhecimento e contradizendo aquilo que é claro. Mas a verdade é que qualquer pessoa honesta não consegue olhar para dentro de si e dizer que somos fruto de um acidente indefinido. Pelo contrário, acidentes matam, não podem gerar vida! Logo, usar o argumento de uma falsa sabedoria só pode enganar a nós mesmos.

Em síntese, o apóstolo está declarando algo sobre a ira de Deus que nós precisamos compreender. Ele está basicamente dizendo: "Ei, ninguém aqui tem desculpas!". Ninguém pode chegar diante do Senhor e perguntar: "Por que Você está irado comigo?". Não há quem possa questionar a ira divina. Com isso, se tiver coragem, coloque a mão no peito e diga: "Eu sou indesculpável!".

Isso, porque Deus nos deu todas as pistas que poderíamos ter acerca d'Ele. Talvez você pense algo como: "Por que Deus não manda pessoas da eternidade para cá, para nos falar sobre quem Ele é?". Pois bem, Ele enviou os Seus profetas. Ou pode ser que passe pela sua mente algo como: "Por que o Senhor não prova que é Deus?". Ora, Ele fez sinais e maravilhas, dividiu a

---

[2] FREUD, Sigmund. **O futuro de uma ilusão**. Rio de Janeiro: Imago, 1976.

História, abriu o Mar Vermelho, fez o Sol parar... Cientificamente, tudo aponta para Cristo. Alguns podem até dizer: "Por que Ele não nos manda uma carta?". Eis a Bíblia, arqueologicamente manuscrita, digna de confiança. E se fôssemos ainda mais loucos, diríamos: "Por que Ele não deixa a Sua glória e vem falar acerca de Si mesmo aqui na Terra?". Pois é, Jesus é o Verbo que se tornou carne e viveu entre nós. Enfim, eu poderia ficar horas aqui discorrendo sobre a vontade do Pai em revelar a Sua existência, Seu amor e Seu plano de salvação. Mas a que conclusão podemos chegar com esses argumentos? Nós não cremos, não pela falta de motivos, mas porque não queremos crer.

> *Eu diria que o ateu é até mais sincero que muitos de nós, e tem um pecado a menos que o restante: a hipocrisia.*

Consegue entender a diferença? Não nos faltam evidências e provas cabais para que acreditemos em Deus. Na verdade, esses apontamentos não escapam a ninguém, justamente para que nunca possamos afirmar que somos inocentes, e isso faz com que seja impossível negociar com Deus sobre Sua ira. Ela recai sobre nós de maneira justa, pois é motivada pela supressão da verdade sobre a existência do Senhor.

Além do mais, embora entendamos a impiedade e a injustiça como a negação do que é divino, elas não são praticadas apenas pelo ateu, como alguns poderiam pensar. Eu diria que o ateu é até mais sincero que muitos de nós, e tem um pecado a menos que o restante: a hipocrisia. Pelo menos ele é honesto na própria impiedade. Bem pior é aquele que diz crer em Deus, mas leva sua vida como se não cresse. Muitos vivem em cima do muro, frequentando a igreja por conveniência e negligenciando tudo aquilo que foi feito por eles. São justamente essas pessoas que transformaram o Criador em um ser cultural que só é acionado nos momentos de aperto.

Eu me lembro de quando participei de um debate em Curitiba com vários representantes de religiões distintas. Dentre todas essas pessoas, havia também um ateu. Quando tive minha oportunidade de falar, comecei a dissecar a Palavra, comentando a respeito de Cristo e Sua obra redentora, claro que de maneira racional, a fim de levar todos ali ao entendimento do propósito do Pai e Seu poder salvador. Depois de gastar todo meu conhecimento, o ateu olhou para mim e simplesmente disse: "Eu não creio porque não quero crer. Mesmo se Deus aparecesse para mim, eu ainda não creria n'Ele". Então eu pensei comigo mesmo: "E é por isso mesmo que você vai para o Inferno. Mas ao menos você foi sincero ao ponto de reconhecer que suprime a verdade, diferentemente de tantos outros".

Assim como a incredulidade demonstrada por essa pessoa com quem debati, existem muitos outros indicativos que comprovam o quanto somos corrompidos por natureza. Não é preciso se esforçar muito para perceber a imoralidade que nos cerca, em pequenos indícios que anunciam o juízo divino. O apóstolo fala um pouco sobre esses vestígios e o motivo de eles existirem em Romanos 1.24-28:

> Por isso Deus os entregou à impureza sexual, segundo os desejos pecaminosos dos seus corações, para a degradação dos seus corpos entre si. Trocaram a verdade de Deus pela mentira, e adoraram e serviram a coisas e seres criados, em lugar do Criador, que é bendito para sempre. Amém. Por causa disso Deus os entregou a paixões vergonhosas. Até suas mulheres trocaram suas relações sexuais naturais por outras, contrárias à natureza. Da mesma forma, os homens também abandonaram as relações naturais com as mulheres e se inflamaram de paixão uns pelos outros. Começaram a cometer atos indecentes, homens com homens, e receberam em si mesmos o castigo merecido pela sua perversão. Além do mais, visto que desprezaram o conhecimento de Deus, ele os entregou a uma disposição mental reprovável, para praticarem o que não deviam.

Preste atenção em algo que talvez você nunca tenha entendido: o juízo e a ira de Deus, em sua plenitude, como a Palavra testifica, serão revelados no Fim dos Tempos (o juízo será melhor abordado no próximo capítulo). Porém, a ira divina já está sobre a humanidade, como o texto acima nos assegura.

Primeiramente, Paulo diz que o Senhor nos entregou à nossa própria impureza sexual. Nesse ponto, é muito importante que você se lembre de que este tema também foi abordado no versículo 18 de 1 Coríntios 6. O apóstolo previne os crentes de Corinto para que "fujam da imoralidade sexual,

> *O juízo e a ira de Deus, em sua plenitude, como a Palavra testifica, serão revelados no Fim dos Tempos.*

pois todos os outros pecados são cometidos fora do corpo, mas quem peca sexualmente peca contra o seu próprio corpo".

Se uníssemos as duas mensagens nos moldes contemporâneos, talvez fosse isso que o Senhor quisesse dizer: "Se vocês querem viver dessa forma, então vivam. Morram emocionalmente e se destruam mutuamente. Mutilem-se um ao outro, quebrem o sentimento um do outro, acumulem pessoas em clínicas de reabilitação e terapia. Vocês viveram de maneira que suprimiram a verdade, então Eu os entrego à degradação do seu próprio corpo!".

O que esse texto de Romanos indica é que a impureza sexual já é uma das manifestações da ira de Deus entre os homens hoje. Nesse sentido, como pastor, eu posso afirmar a você que não há algo tão destrutivo quanto esse pecado. Ele afeta todas as áreas da vida de um ser humano: destrói mentes, indivíduos, destinos, famílias e escraviza homens e mulheres. Objetifica o corpo, que é santo, degradando o interior por inteiro. É um verdadeiro processo de desumanização, tornando o ser humano aquilo que ele não é, removendo o valor da sua alma.

Em um segundo momento, Paulo diz que é revelada a ira de Deus sobre a humanidade, uma vez que fomos entregues às paixões vergonhosas. Nesse versículo, ele está tratando especificamente sobre a homoafetividade, mas as paixões vergonhosas não tocam apenas esse tópico, e sim todos os campos da imoralidade e da impureza, uma vez que a vergonha pode ser definida como o caráter daquilo que humilha; estado ou condição que revela alto grau de degradação.

Quantos de nós já não dissemos algo assim: "Que vergonha! Um homem casado há 30, 40 anos e deixa a esposa para ficar com uma menina de 18 anos!". O estranho é perceber como uma situação assim se tornou comum em nosso cotidiano. Parece que nos acostumamos com aquilo que é baixo, com certeza, uma vergonha. Indo mais fundo, vemos que seres humanos compram uns aos outros como se o nosso corpo tivesse um preço. O namorado diz para sua namorada que a ama só para convencê-la a se deitar com ele, e logo depois repete essa mesma mentira para outra pessoa. Você consegue sentir o quanto estamos entregues às paixões vergonhosas? E obviamente, para que não sintamos tanta vergonha, tentamos cauterizar nossa consciência. Por exemplo, o palmeirense que tenta se enganar dizendo que o seu time é o melhor do mundo, mas nem sequer ganhou um mundial (brincadeira!).

    Deus permite que as pessoas se entreguem a paixões vergonhosas como o pai que orienta seu filho a não brincar com fogo várias vezes, mas o pequeno insiste em desobedecer. Então, o pai diz à criança: "Você quer mexer no fogão? Pode mexer". Com isso, após a queimadura, ele espera que o filho nunca mais coloque a mão naquele lugar. O Criador lá do Céu está olhando para a humanidade e possivelmente falando: "Você quer passar vergonha, minha filha? Então vá! Mande nudes para o namorado que você conheceu há uma semana. Perca a cabeça, saia por aí se degradando, contribua para sua autodestruição. Mas, depois, aguente as consequências".

    Além disso, no versículo 28 do trecho citado de Romanos 1, a Palavra ainda diz que o Senhor entregou a humanidade a uma disposição mental reprovável, ou seja, o ser humano se tornou néscio no saber. Sendo mais claro, ele passou a ficar lento para entender as coisas, vagaroso. Logo, aquele que não despertou de seu estado de inconsciência encontra-se paralisado para analisar e compreender aquilo que está bem debaixo de seus olhos.

    Diante dessa realidade lamentável, o principal questionamento que pode passar por nossas cabeças é: existe esperança em relação à ira de Deus? Apesar de todos os reveses que se agregam à culpa dos homens, preciso lhe dizer: existe. A pregação de Jesus em Mateus 3.2 deixa claro:

> Ele dizia: "Arrependam-se, porque o Reino dos céus está próximo".

A voz profética tem ecoado de geração em geração clamando por esse arrependimento. Precisamos nos dobrar diante de Deus e perceber que apenas sermos "bons praticantes da religião" não é suficiente para uma mudança profunda. A transformação vai muito além do que simplesmente deixar de fazer coisas erradas. Não é só repetir uma oração bonita, submergir em uma piscina ou mesmo frequentar uma igreja. Para

> *Um Homem um dia decidiu levar sobre Si toda a carga da ira divina para que você e eu pudéssemos desfrutar da eternidade.*

tanto, é preciso abandonar a rebeldia e parar de tentar suprimir a verdade sobre o Pai e a nosso respeito. Só assim alcançaremos libertação e nos tornaremos justos por meio da fé.

Crer nessa Palavra exige de mim e de você uma dose de humildade para reconhecer a glória, o valor e a salvação que existem no Cristo crucificado e ressuscitado. Afinal, um Homem um dia decidiu levar sobre Si toda a carga da ira divina para que você e eu pudéssemos desfrutar da eternidade.

Organizando a bagunça

Capítulo 2

A vida corrida das metrópoles faz com que grande parte das pessoas tenha sua rotina e seus horários totalmente preenchidos por afazeres. Por mais que tracemos planos do que deve ser feito, sempre acabam sobrando tarefas que passam despercebidas, e que, com o tempo, acabam se acumulando. Geralmente, nossas casas são as que mais sofrem com esse dia a dia frenético, pois, em um turbilhão de atividades, acabamos procrastinando os deveres do nosso lar, resultando na tão temida bagunça. Então, se uma faxina não for feita, a tendência é que essa bagunça só cresça cada vez mais, tornando-se um verdadeiro desafio, o qual, diante do cansaço, é facilmente deixado de lado. É justamente nesse ponto que temos duas opções: desistir e viver em meio à bagunça ou pedir a ajuda de outra pessoa para arrumar tudo, seja de um familiar, amigo ou até contratar algum profissional da área.

Uma situação como essa nos mostra que, muitas vezes, por mais que não queiramos admitir, receber auxílio de alguém é algo que pode ser extremamente benéfico. Assim, chamar uma pessoa para realizar a limpeza conosco, ou mesmo por nós, pode facilitar muito as coisas, para que não tenhamos que enfrentar sozinhos aquela confusão, por mais que tenha sido nossa culpa.

Mas não é só nessa circunstância que a ajuda externa pode ser tudo de que precisamos em um momento crítico. Outro exemplo é quando entendemos que pedir a opinião de alguém a respeito de algo que estamos fazendo nos fornece uma perspectiva diferente e tornar nosso trabalho mais assertivo e excelente. Como ao escrever um texto, em que podemos perder nosso raciocínio e bagunçar nossas ideias, levando a argumentação a uma direção diferente daquilo que pretendíamos no começo. O olhar de alguém de fora, mesmo que essa pessoa não seja conhecedora profunda do assunto, pode ser essencial como uma referência para retornarmos ao ponto inicial de onde nos perdemos.

Ou podemos também ter uma assistência externa em situações não tão agradáveis, como para resolver conflitos. Há momentos em que estamos tão imersos na situação que não somos capazes de enxergar um erro nosso sequer, como no caso de brigas ou discussões, nas quais se perde a sensatez, e os ânimos são aflorados ao limite. Nesse caso, dificilmente algum dos lados vai chegar a uma conclusão que seja justa, e quando esse tipo de ocasião foge do controle, precisamos daqueles que estão de fora para intervir e ajudar os envolvidos a darem um fim àquele confronto.

> *O olhar de alguém de fora, mesmo que essa pessoa não seja conhecedora profunda do assunto, pode ser essencial como uma referência para retornarmos ao ponto inicial de onde nos perdemos.*

Entretanto, sabemos que as tentativas do ser humano de resolver os problemas alheios nunca estarão imunes a falhas. São muitos os cenários nos quais nossas mãos não poderão fazer diferença alguma ou apontar para uma resposta, por mais que queiramos muito ajudar. E não importa o nível de conhecimento que um dia possamos alcançar, nada pode nos livrar do sentimento de incapacidade diante daquilo que é humanamente impossível.

> *Não importa o nível de conhecimento que um dia possamos alcançar, nada pode nos livrar do sentimento de incapacidade diante daquilo que é humanamente impossível.*

Para que isso fique mais claro, vamos nos colocar na posição de um médico, que observa diariamente inúmeros pacientes em filas de transplante ou sofrendo em camas de hospitais com diagnósticos para os quais a medicina não vale nada. Em horas como essas, até aquele que é mais incrédulo passa a conceber que apenas uma intervenção divina será suficiente. Ou seja, é quando as teorias e as filosofias mais relevantes perdem seu poder que apenas um Juiz onisciente e comprometido com a eternidade pode, de fato, trazer ordem para a uma bagunça tão generalizada.

Contudo, acontecimentos como esses, que nos fazem recorrer a uma "ajuda superior", demonstram o quanto a imagem de Deus foi distorcida na sociedade. O

Senhor foi reduzido a uma opção conveniente para se ter uma vida melhor ou para nos conceder favores nos minutos de desespero. Isso nos leva de volta aos conceitos do primeiro capítulo, onde estabelecemos que não é possível ter um relacionamento real com o Senhor se O limitarmos a apenas uma característica e não aceitarmos Sua plenitude. Logo, se queremos que a desordem seja arrumada em todas as áreas de nossa vida, para que sejamos totalmente limpos, precisamos encarar a parte desconfortável da situação também.

> *O Senhor foi reduzido a uma opção conveniente para se ter uma vida melhor ou para nos conceder favores nos minutos de desespero.*

Tendo isso em mente, vamos nos ater às palavras de Romanos 2.1-3, em que o apóstolo evidencia o anseio de Deus em ajudar Seu povo a "arrumar sua bagunça". Nessa passagem, Paulo nos mostra que o Senhor os corrigiu e orientou sobre como ter um comportamento digno e santificado. Mas, mesmo assim, eles ignoraram a oportunidade que lhes foi dada, caminhando para a soberba, que os levava a muito mais confusão e distanciamento do padrão divino:

> Portanto, você que julga os outros é indesculpável; pois está condenando a si mesmo naquilo em que julga, visto que você, que julga, pratica as mesmas coisas. Sabemos que o

juízo de Deus contra os que praticam tais coisas é conforme a verdade. Assim, quando você, um simples homem, os julga, mas pratica as mesmas coisas, pensa que escapará do juízo de Deus?

Nesses versículos, Paulo está fazendo uma advertência direta aos judeus, como se dissesse: "Vocês se colocam de forma arrogante, pensando que podem avaliar aos outros, quando serão vocês os julgados pela verdade". E a causa dessa represenção estava diretamente ligada a uma mentalidade instaurada no meio deles: uma vez que receberam a Lei, muitos começaram a pensar que eram especiais só por tê-la, isentos de julgamentos. Não só isso, achavam também que esse privilégio os tornava aptos para julgar a todos.

> *Se queremos que a desordem seja arrumada em todas as áreas de nossa vida, para que sejamos totalmente limpos, precisamos encarar a parte desconfortável da situação também.*

Transportando essa crítica para nosso contexto atual, os judeus poderiam muito bem simbolizar os evangélicos. Nós acabamos supondo que, ao reformar a Igreja Católica depois de séculos de erros e contradições quanto à Palavra, agora podemos nos colocar em uma posição de orgulho, vaidade e presunção, pensando que, porque temos a revelação da verdade, isso nos faz melhores do que todos. Porém, receber conhecimento, mas não o colocar em prática, faz de nós os primeiros a ser passíveis de julgamento.

Termos o conhecimento da verdade, mas não permitir que ela nos mude é o equivalente a desprezarmos esse tesouro que recebemos. E é isso que Paulo afirma em outro versículo de sua carta aos romanos:

> Ou será que você despreza as riquezas da sua bondade, tolerância e paciência, não reconhecendo que a bondade de Deus o leva ao arrependimento? (Romanos 2.4)

Existe uma questão fundamental aqui: a palavra "bondade" não foi inserida nesse verso à toa. Aquilo que nos dá oportunidade de mudança de atitude não é o juízo de Deus, mas Sua bondade. Éramos merecedores da destruição, por causa dos nossos pecados, mas, ainda assim, Ele nos ofereceu a chance de renunciarmos às nossas transgressões e nos realinharmos com Sua vontade. O que Paulo está dizendo é que a bondade de Deus é o contraponto à Sua ira.

> *Receber conhecimento, mas não o colocar em prática, faz de nós os primeiros a ser passíveis de julgamento.*

É o sentimento que faz com que o Senhor "tire o pé do acelerador", dizendo: "Vocês deveriam ser exterminados e ir para o Inferno, mas Eu vou reduzir esse castigo para que não sofram tanto as consequências dos seus pecados. Dessa maneira, poderão se arrepender, e isso será glorioso".

O problema é que, em vez de aceitar a bondade de Deus, que leva à salvação, o Homem prefere criar suas próprias soluções para o caos global: "Faça a revolução do proletariado, coloque o trabalhador no poder!". No entanto, na própria História, vemos que a maioria dos representantes do povo ou os governantes agiram de maneira muito parecida: com impiedade e em favor dos próprios interesses, inclusive os que prometiam priorizar as necessidades do povo. Isso, porque o maior problema não é a pessoa que está no controle, e, sim, o coração perverso que nela reside. E é por isso que, sem Deus, seja qual for o lugar em que estivermos – autoridade ou submissão –, todos iremos falhar, pois claramente a solução para a humanidade não está em nós, mas, sim, em Quem nos criou.

> *Aquilo que nos dá oportunidade de mudança de atitude não é o juízo de Deus, mas Sua bondade.*

Ainda assim, por mais que nos deparemos com um cenário tão cruel, você precisa compreender que os efeitos dos nossos erros deveriam ser muito maiores. Mesmo hoje, temos um suspiro de coisas boas, como olhar para nossos filhos e poder pegá-los no colo. Em vista do pecado do Homem, nenhum de nós é digno de tamanha bondade, e essa consciência deve nos alertar de que todo mal que enfrentamos é pouco.

Eu sei que é duro reconhecer isso, porém todo conflito é pequeno perto do que merecíamos. Todas as crises financeiras, políticas, sociais, familiares, além de todas as confusões pelas quais passamos nas mais diversas áreas, são ínfimas quando imaginamos nosso destino sem Deus. Mas Ele não nos revela e nos convence de tudo isso só para que sintamos a dor de nossas falhas; é tudo para que a bondade e o arrependimento se revelem, para que quebremos um ciclo e façamos diferente, nos humilhando diante da face do Criador e pedindo perdão. Por não entender isso, o que acontece com grande parte das pessoas é que, mesmo sendo aliviadas pela bondade de Deus, elas permanecem nos mesmos erros.

> *Todos iremos falhar, pois claramente a solução para a humanidade não está em nós, mas, sim, em Quem nos criou.*

Um exemplo clássico são os casamentos que acabam em divórcio: mesmo sem um dado preciso, posso afirmar de maneira empírica que a maioria dos divorciados, quando voltam a se relacionar, tendem a repetir a separação ou vivem em um casamento infeliz. Talvez por acharem que os problemas podem ser simplesmente ignorados, muitos pensam que se afastar de alguém e começar a partir do zero fará tudo se solucionar, quando a causa das nossas infelicidades pode estar dentro de nós mesmos. Assim como estes que persistem na falha, nós viramos as costas para os princípios do Céu.

Infelizmente, a bondade que leva ao arrependimento, derramada pelo próprio Deus todas as manhãs, tem sido ignorada teimosamente. No entanto, toda atitude traz consigo uma consequência:

> Contudo, por causa da sua teimosia e do seu coração obstinado, você está acumulando ira contra si mesmo, para o dia da ira de Deus, quando se revelará o seu justo julgamento. (Romanos 2.5)

Desse modo, o que essa atitude de teimosia pode gerar? Com toda certeza, o acúmulo da ira de Deus sobre cada um de nós, pois, embora a misericórdia tenha se renovado, continuamos insistindo naquilo que deveria ter sido deixado para trás. E toda essa carga de afronta que fazemos ao Senhor é somada para o Dia do Juízo.

A verdade é que nada se equipara ao Julgamento que se aproxima. Para tentar ilustrar esse acontecimento, imagine uma briga corriqueira de casal. Imaginou? Agora acrescente ao conflito a tão temida "TPM" e pronto: o que já era ruim tomou proporções inimagináveis. Assim, apesar de ser impossível comparar qualquer coisa dentro da nossa realidade ao que ocorrerá no fim dos tempos, o que quero dizer é que o que experimentamos aqui não se compara à medida da ira de Deus, que será revelada no terrível Dia do Senhor (Joel 2.11).

Agora, sobre o Juízo Final, é necessário trazer à tona duas questões: (1) ainda vai acontecer, está no tempo futuro; (2) a Palavra revela que este dia virá como um ladrão:

> O dia do Senhor, porém, virá como ladrão. Os céus desaparecerão com um grande estrondo, os elementos serão desfeitos pelo calor, e a terra, e tudo o que nela há, será desnudada. (2 Pedro 3.10)

Quando a Bíblia menciona que o Dia do Juízo virá como um bandido, que invade uma casa durante a madrugada, isso quer dizer que será de maneira inesperada, abrupta e assustadora. De uma hora para outra, em um milésimo de segundo, estaremos diante do Trono do Senhor. E apesar dos sinais explícitos descritos na própria Bíblia, ninguém além do Pai sabe a data exata, e isso tem um motivo evidente: que vivamos todos os dias como se fossem o último! Essa perspectiva nos faz levantar pela manhã cientes da possibilidade de que, naquela mesma tarde, poderemos estar diante de Deus. Na minha posição de homem, posso imaginar uma avaliação de como vivi como cristão, conduzi minha família, de minha paternidade e hombridade. Ou para as mulheres, a maternidade e a feminilidade em relação ao seu marido, entre tantos outros fatores.

Dentro deste assunto a respeito do Juízo Final, existe um episódio histórico que tem uma coincidência extraordinária com tudo isso em que temos nos aprofundado. O evangelista americano Dwight L. Moody, importante defensor do estudo bíblico, pregava em uma noite em Chicago sobre esse mesmo tema. No final de seu sermão, ele disse que continuaria o estudo na semana seguinte, focando na salvação. Mas entre uma reunião e outra, aconteceu o Grande Incêndio de Chicago, matando centenas de pessoas e atingindo a igreja onde Moody pregava dias antes, levando muitos a encontrarem seu destino final antes do que imaginavam.[1] E por mais trágico que esse desastre tenha sido, ele nos traz um alerta, mostrando que devemos viver nossos dias com a consciência de que, de uma hora para a outra, podemos estar diante do juízo de Deus.

Mas é importante ressaltar que o fato de que Jesus pode voltar a qualquer momento não foi revelado a nós pelo Altíssimo para que vivêssemos com um espírito desesperado e paranoico. Esse não é o objetivo do Pai. Ele nos traz o entendimento de que cada momento pode ser o final, para que tiremos o melhor proveito de cada situação, buscando uma vida reta e alinhada com o Criador em todo o tempo.

Dito isso, outro ponto que precisamos entender sobre o Dia do Senhor é que somos nós quem iremos prestar contas da nossa vida a Deus, e não o contrário. Na realidade, não nos encontraremos em posição

---

[1] JOHNSON, George D. **What will a man give in exchange for his soul?**. Bloomington: Xlibris Corporation, 2011.

de fazer perguntas diante da Sua glória e santidade. Certamente, não ficaremos questionando coisas do tipo: "Por que crianças morrem de fome na África?"; "Por que meu marido não me amou?"; "Por que eu passei por tudo aquilo?"; "Por que eu bati meu carro?". Com todos os nossos atos de rebeldia expostos diante do Pai, a única conclusão a que conseguiremos chegar no Dia do Juízo é que Ele é justo, e tudo pelo que passamos foi merecido. Tudo será respondido pela verdadeira revelação da justiça divina.

Pois é, neste instante, você deve estar muito confuso e se perguntando: "Pastor, você está afirmando que as coisas ruins que acontecem na minha vida são uma forma de juízo instantâneo da parte de Deus?". Não, evidente que não, e isso é comprovado pelo próprio Mestre. Jesus falou a respeito de um homem cego de nascença, dizendo que nem ele havia pecado, muito menos seus pais, mas que sua deficiência se manifestava para que o Senhor fosse glorificado. Entretanto, embora os problemas pelos quais passamos não necessariamente sejam nossa culpa, são um fruto do pecado da humanidade (João 9.3).

> *Com todos os nossos atos de rebeldia expostos diante do Pai, a única conclusão a que conseguiremos chegar no Dia do Juízo é que Ele é justo, e tudo pelo que passamos foi merecido.*

Assim, a grande realidade é que perante a justiça divina todos irão fechar a boca e constatar que estamos no lucro, pois nem mesmo uma vida merecíamos ter. Não é que as coisas ruins que aconteceram conosco sejam punições por nossos erros. Mas, diante da santidade de Deus, no Último Dia, entenderemos, finalmente, que o fato de sermos salvos e recebermos vida eterna é muito maior do que qualquer problema ou reclamação que possamos ter a respeito de nossa realidade aqui na Terra.

Seguindo o raciocínio, na carta aos romanos, o apóstolo Paulo evidencia outro aspecto muito importante sobre o Dia do Senhor: não haverá favoritismo, uma vez que, em Seu juízo, não existem vítimas, nem comparação, nem seremos avaliados em grupo:

> Deus "retribuirá a cada um conforme o seu procedimento". (Romanos 2.6)

Logo, cada um será julgado individualmente por sua conduta. Nesse verso, Paulo está fazendo uma referência aos segmentos religiosos, sociais e culturais dos nossos dias. E isso é necessário, pois, como os judeus, podemos achar que ser pertencentes a um nicho específico da comunidade cristã nos trará um alívio perante o Senhor. Mas entenda, meu irmão, lá no Céu não haverá filas para católicos, evangélicos, espíritas, budistas ou muçulmanos, apenas uma linha única e direta que leva ao Julgamento Final.

No Dia do Juízo, também não importará sua família ou sua origem: "Mas meu pai era pastor, meu avô era pastor, até meu cachorro era um pastor alemão!". Não haverá tratamento especial para pessoas que serviram no ministério ou foram missionários. Ser um bom ouvinte da Lei ou concordar com ela também não privilegiará ninguém. Você concorda comigo que apoiar os radares eletrônicos, ajudar a instalá-los ou, até mesmo, saber onde eles estão não nos isenta de levar uma multa por ter passado por eles acima do limite de velocidade? Da mesma forma, querer se apoiar em circunstâncias, sabedoria ou outro resguardo humano nunca vai nos deixar livre de prestar contas ao Grande Juiz, conforme afirma a própria Bíblia:

> Ele dará vida eterna aos que, persistindo em fazer o bem, buscam glória, honra e imortalidade. Mas haverá ira e indignação para os que são egoístas, que rejeitam a verdade e seguem a injustiça. Haverá tribulação e angústia para todo ser humano que pratica o mal: primeiro para o judeu, depois para o grego; mas glória, honra e paz para todo o que pratica o bem: primeiro para o judeu, depois para o grego. Pois em Deus não há parcialidade. (Romanos 2.7-11)

Esses versículos citam alguns atributos preocupantes, pois são comuns a muitos, como é o caso do egoísmo. O termo "egoísta", do grego *eritheías*, pode ser traduzido como aqueles que vivem para si mesmos. Isto é, haverá ira e indignação para os que pensam somente no próprio umbigo, são mentirosos ou injustos.

Além disso, ainda nesse trecho, outra questão mais importante pode ter despertado seu interesse, caso você conheça um pouco da Bíblia: se somos salvos por meio da fé (Efésios 2.8), por que Paulo diz que seremos julgados de acordo com nossos atos? A resposta já está na pergunta em si, uma vez que, nesse contexto, o apóstolo não está falando sobre salvação, e, sim, sobre o julgamento das nossas atitudes. Sejamos nós salvos ou não, iremos responder por todas as nossas ações, sejam elas boas ou ruins.

No entanto, mesmo levando em consideração que salvação e julgamento são coisas diferentes, temos de entender que nem uma nem outro enfocam a humanidade sob uma perspectiva de heroísmo ou autossuficiência, muito menos a Bíblia nos permite crer que "daremos um jeitinho" na "hora H". Pelo contrário, o estudo da Palavra a respeito da nossa vida na eternidade traz um conceito fundamental, porém ignorado por muitos como algo latente: o Inferno existe, e muitas pessoas caminham em sua direção. No último dia, Deus não olhará os infiéis de forma injusta, livrando aqueles que o rejeitaram. Acredite, a Bíblia não nos dá permissão para crermos que todos serão salvos. Pelo contrário, ela fala a respeito daqueles que ganharão a vida eterna e dos que receberão a ira eterna, como os versículos anteriores elucidam.

Apesar da dureza dessas palavras, temos a oportunidade de compreender algo muito glorioso, e que talvez você nunca tenha entendido: Jesus não veio meramente para nos livrar do poder do pecado, do Inferno e do Diabo. Ele é nossa salvação em relação à ira do Pai sobre a humanidade!

Retornando ao texto de Romanos 2, mais especificamente ao verso 11, temos a afirmação de que o Julgamento que há de acontecer no Fim dos Tempos não será parcial – Céus e Terra serão julgados por seus atos, e até mesmo o Mar prestará conta por seus mortos (Apocalipse 20.11-15). Portanto, será um julgamento justo. Sendo assim, esse evento deve ser uma reflexão fundamental em sua vida, ainda mais se você for um jovem começando sua caminhada e tem aquele sentimento de que nada pode derrubá-lo. Talvez, você pense que não haverá empecilhos para seus sonhos: conquistará tudo o que quiser, será rico e aproveitará cada coisa que o mundo possa oferecer. Mas, infelizmente, nada disso, nem títulos, conquistas e riquezas, importará no Juízo. Não é possível apresentar um currículo ou diploma, por mais relevante que pareça, perante o Senhor.

Não poderia ser diferente, uma vez que o Eterno julga com imparcialidade, mas o que isso significa, afinal? A imparcialidade sempre está associada a pessoas que julgam com neutralidade e justiça, não tomando partido em uma situação. Se você já assistiu ao segundo filme *Shrek*[2] e conhece o personagem Gato de Botas, sabe que, quando a situação aperta ou ele quer enganar alguém, sempre recorre a uma carinha meiga. Mas ainda que você tivesse aqueles mesmos olhos carismáticos do gatinho, não poderia clamar por socorro, esperando que Deus dissesse: "Coitadinho". Isso não acontecerá, pois Ele é um juiz imparcial. Diferentemente do juízo humano, o divino é executado sem preferências, não é classista, muito menos partidário ou influenciado por questões financeiras.

Contudo, apesar disso, muitas pessoas gastam seu tempo procurando brechas na índole do Criador para tentar se safar. É o caso da clássica indagação: "Pastor, mas e aqueles que nasceram em uma ilha distante, sem civilização, e nunca ouviram falar do Evangelho? O que vai acontecer com eles?". A Bíblia é clara a esse respeito:

> Todo aquele que pecar sem a lei, sem a lei também perecerá, e todo aquele que pecar sob a lei, pela lei será julgado. Porque não são os que ouvem a Lei que são justos aos olhos de Deus; mas os que obedecem à lei, estes serão declarados justos. (De fato, quando os gentios, que não têm a lei,

---

[2] **SHREK 2**. Direção: Andrew Adamson; Kelly Asbury; Conrad Vernon. Glendale, CA (EUA): DreamWorks Pictures, 2004.

praticam naturalmente o que ela ordena, tornam-se lei para si mesmos, embora não possuam a lei; pois mostram que as exigências da lei estão gravadas em seus corações. Disso dão testemunho também à consciência e os pensamentos deles, ora acusando-os, ora defendendo-os). (Romanos 2.12-15)

Esse fragmento resolve o dilema do homem na ilha solitária, ao sustentar que, quando aqueles que não receberam a Lei a praticam, naturalmente estão incluídos nela. Mas o oposto também acontece, pois muitos conhecem a Lei, mas não vivem por ela. E é com esses que devemos nos preocupar, sobretudo dentro do meio cristão. Isso, levando em conta a quantidade de pessoas que sabem da verdade, mas ignoram sua influência no cotidiano. Essa é a prova de que saber da existência de Deus não é uma virtude, caso você despreze o convite de conhecê-lO profundamente. Pelo contrário, pode pesar contra você no Dia do Juízo.

Em compensação, o anseio por ética e moral no meio daqueles que não conhecem o Evangelho confirma uma coisa: que o Pai gravou no coração do homem Suas Leis (v. 15). Refresque na memória o momento em que Deus entregou as tábuas dos mandamentos a Moisés, no Monte Sinai. O que Ele estava dando à humanidade era um *plus* de revelações a Seu respeito, para que pudéssemos diferenciar o que é certo do que é errado. Independentemente disso, e como a própria passagem de Romanos reforça, também podemos ser julgados por meio de nossa consciência, que ora nos acusa, ora nos defende. Com isso, assimilando que ninguém está isento do juízo de Deus, precisamos mensurar a abrangência desse julgamento:

> Isso acontecerá no dia em que Deus julgar os segredos dos homens, mediante Jesus Cristo, conforme o declara o meu evangelho. (Romanos 2.16)

Paulo é incisivo, utilizando a palavra "segredos" ao descrever como se dará esse processo, dando a entender que ele atingirá não somente o que é aparente, mas também aquilo que não pode ser visto e nem imaginado a respeito de cada um. Nós, por outro lado, quando medimos as atitudes de alguém, costumamos observar, por exemplo, como essa pessoa trata seus filhos e seus vizinhos, como encara o trabalho, administra o dinheiro, entre outras coisas. E o Julgamento do Senhor passará por tudo isso, com todas as relações sociais, a forma como a pessoa tratou Sua Igreja, a adoração e a responsabilidade com a presença d'Ele. Agora, se só de pensar nisso você já sentiu medo, imagine que o Juiz irá julgar não apenas o exterior, mas nossos pensamentos e impulsos mais escondidos. Seja sincero comigo, você realmente acha que pode se salvar?

Deus julgará tudo o que estiver em oculto, desde suas conversas no WhatsApp, seu histórico do Instagram e até seus pensamentos mais obscuros, como nos dias em que você desejou matar alguém. Em um simples momento de ódio, pode ter premeditado: "Eu vou acabar com esse homem maldito!". Ou, possivelmente, cobiçou alguém que não fosse seu(ua) companheiro(a); ou até manipulou as coisas ao seu favor em certas situações... Enfim, mesmo nossos pensamentos e nossas intenções serão descobertos.

Quando eu me deparo com essa realidade, olho para mim, para todos os que me cercam, nossa sociedade e nossas organizações, e a única conclusão a que consigo chegar é que não existe nada em que se apoiar, não há esperança alguma. A única boa notícia é encontrada no Evangelho: Jesus morreu por mim e por você. Essa é a informação mais valiosa que podemos encontrar, e não há alternativas a isso.

Se não fosse por meio de Cristo, não haveria a mínima chance de carregarmos nossas próprias culpas, não importando a religião. Diante do fato de que seremos julgados de maneira justa por um Deus imparcial, apenas o preço pago pelo Seu Filho pode nos justificar de toda imperfeição. Sendo assim, entendo que viver em adoração a Ele é o mínimo que posso fazer quando contemplo tamanha Graça que nos alcançou.

Dessa maneira, no dia em que o juízo de Deus for manifesto, você terá duas opções: chegar com a "cara lavada" e dizer ao Senhor: "Eu não sou tão ruim" ou confessar: "Eu creio que o Teu Filho morreu em meu lugar, e hoje me apresento com coragem e confiança, sabendo que Jesus fez por mim o que eu não podia fazer!". Aqui está a razão pela qual o Evangelho não deve ser diminuído e muito menos substituído por gambiarras espirituais. Autoajuda e *coaching* nenhum podem garantir a você uma vida melhor, pois o Nazareno é o caminho verdadeiro da salvação.

Mais uma vez, só podemos concluir que qualquer tentativa humana em reparar seus erros nunca poderá ser comparada com a entrega feita por Jesus. Só assim somos verdadeiramente livres de todo o peso que a ira de Deus e Seu juízo poderiam ter sobre nós, pois somos justificados pelo sangue mais precioso que existe.

Um banho de realidade

Capítulo 3

Algo que muitas pessoas têm buscado atualmente é testar seus limites. Assim, estão em constante procura por desafios e formas de provar sua própria sabedoria e capacidade. E até é possível compreender esse desejo do Homem como uma forma de se conhecer melhor, descobrindo-se por meio da resolução de suas dúvidas mais profundas ou do estabelecimento de metas para entender até onde consegue ir. Entretanto, toda busca por autoconhecimento é limitada, pois ela está presa à perspectiva humana. Logo, a única maneira de entendermos quem, de fato, somos é quando nos deparamos com a grandeza e bondade infinitas de Deus.

Dessa forma, encontrar respostas para nossos questionamentos é, sim, muito importante, mas talvez essa procura tenha tomado proporções muito maiores do que o que é saudável para a humanidade como um todo. Ou seja, o "eu" acabou ocupando um espaço demasiadamente grande em nossas preocupações e em nossos interesses.

Infelizmente, o individualismo se apoderou de uma grande parcela da população. Prova disso é o tempo que gastamos em redes sociais, testando, analisando e expondo nossa própria personalidade a partir de todos os aspectos possíveis. Mas enquanto nos alienamos, pensando que somos o centro do universo, só revelamos nossa fragilidade como seres humanos e o quanto somos bons em nos importar com nossos dilemas, mas péssimos em perceber o sofrimento e a crueldade que nos cerca.

Não é difícil encontrar pessoas totalmente cegas em relação à verdadeira realidade, com uma visão reduzida e limitada a si mesmas e à sua bolha social. É muito fácil nos fechar em um mundo de ignorância e alienação quando nossas preocupações estão totalmente voltadas aos nossos interesses, ainda mais quando nos restringimos ao contexto da Igreja. Um erro muito comum a nós, cristãos, é pensarmos que, porque nascemos dentro de uma cultura em que a moral é valorizada – pelo menos no discurso – estamos automaticamente imunes à toda sujeira do pecado humano e da realidade à nossa volta.

> *A única maneira de entendermos quem, de fato, somos é quando nos deparamos com a grandeza e bondade infinitas de Deus.*

Contudo, o que encontramos nos aprofundando no texto de Romanos, agora no capítulo 3, é exatamente o contrário. A verdade é que todos estamos expostos à maldade humana. E o resumo desse assunto é encontrado no versículo 3, nas perguntas feitas pelo apóstolo Paulo, que apontam para esse problema que tem nos acometido nos dias atuais:

Que concluiremos então? Estamos em posição de vantagem? Não! Já demonstramos que tanto judeus quanto gentios estão debaixo do pecado.

Apesar do privilégio com que os judeus foram agraciados, os colocando na dianteira da revelação, a Palavra nos mostra que, no fim, somos todos "farinha do mesmo saco". Logo, é exatamente isso o que precisamos entender: nos colocar em uma posição de vantagem por qualquer razão cultural é uma besteira.

O problema é que isso nos mostra a realidade do mundo gospel. Um linguajar específico, vestimentas, cânticos e eventos acabaram sendo estabelecidos para que fôssemos enquadrados no segmento evangélico. Chega a ser hilária a forma como muitos inseridos nesse contexto dizem: "Coitadas dessas pessoas que não são cristãs. Não podem colocar versículos espalhados pela casa. Não têm a Bíblia na estante da sala. Não conhecem esse hino abençoado!". Desse modo, se você nasceu em um lar cristão, deve estar atento quanto aos sinais da soberba espiritual. Posso garantir que ter aprendido na escola dominical sobre quantas pedras Davi pegou para acertar a testa do gigante Golias não nos torna salvos.

> *Enquanto estamos embriagados com nossa "cultura gospel", não percebemos quem realmente somos e o quanto precisamos de Jesus.*

Mas a grande questão dessa atmosfera de altivez cristã

em que, muitas vezes, estamos inseridos é que ela pode ser ainda mais prejudicial quando nos leva a perder a noção do verdadeiro valor do Evangelho. Isso, porque enquanto estamos embriagados com nossa "cultura gospel", não percebemos quem realmente somos e o quanto precisamos de Jesus. Muito menos damos a devida atenção àqueles que pagam um preço muito alto pelas Boas Novas.

Exemplo disso é um documentário a que assisti recentemente, abordando a realidade do cristianismo na região da Coreia do Norte. Aquilo me chocou de forma profunda. Quase todos já ouviram falar no regime ditatorial que controla aquele país e como a censura a qualquer tipo de religião é implacável, mas muitos não têm noção do que os cristãos, de fato, têm de suportar para levar o Evangelho a regiões como essa.

Sobre isso, o programa contava que sul-coreanos, na tentativa de introduzir Cristo na sociedade norte--coreana, escondiam o Novo Testamento dentro de potes de arroz. Depois de lacrar bem o recipiente, eles o jogavam dentro de um rio que corria em direção à nação do Norte, com esperanças de que os vizinhos tivessem acesso à Bíblia.

Depois de assistir a essa história dramática, meu coração ardeu por valorizar muito mais as Escrituras que tenho à minha disposição todos os dias. O que é a coisa mais comum para mim, como ir comprar uma Bíblia na esquina ou visualizá-la na palma da mão em um aplicativo de celular, é questão de vida ou morte para alguém do outro lado do globo.

Da mesma maneira, eu e você somos privilegiados por estarmos em uma igreja! Acredite, meu irmão, muitos dariam tudo o que têm para desfrutar daquilo que pode ser banal e comum em nossa rotina. Porém, não se iluda com essas regalias, pois estar dentro do templo não o enquadra como cidadão do Céu. Se você já é convertido há algum tempo, com certeza já ouviu que "na Eternidade teremos muitas surpresas". E uma delas é que, infelizmente, veremos pastores, cantores e até mesmo aquele irmão que se sentava do nosso lado indo para o Inferno.

> *Quando a Lei foi entregue por Deus, Seu objetivo não era que houvesse salvação por meio dela, mas que suas palavras fossem um espelho que refletisse nossos pecados e nos incentivasse a clamar pela verdadeira e definitiva salvação – o Messias.*

Na verdade, frequentar uma igreja, conhecer a Bíblia e suas revelações nos coloca em uma posição de mais responsabilidade ainda ante ao que nos foi dado. Quando a Lei foi entregue por Deus, Seu objetivo não era que houvesse salvação por meio dela, mas que suas palavras fossem um espelho que refletisse nossos pecados e nos incentivasse a clamar pela verdadeira e definitiva salvação – o Messias. Em razão disso, o rigor com que seremos cobrados pelo acesso que tivemos à Verdade deve nos levar a encarar os princípios do Senhor com muito mais seriedade. Conhecer e não praticar a Palavra apenas nos torna duas vezes condenado: a primeira, de maneira natural (como seríamos de qualquer forma por não confessar Jesus), e a segunda, por escolha própria, pois decidimos aprender as Escrituras e voluntariamente não as cumprimos.

Tudo isso para reafirmar a grande realidade: desde os tempos passados até hoje, nós somos injustos e negligentes com a Verdade. E um episódio bíblico muito curioso que está narrado em Gênesis 18 comprova esse fato. Nele, o Anjo do Senhor e Abraão estão discutindo sobre a destruição de Sodoma e Gomorra. Então, Abraão começa a negociar com Deus dizendo: "Senhor, será que precisa disso tudo? Tudo bem que a coisa está feia por lá, mas acabar com a cidade inteira já é demais. E se houver boas pessoas naquele lugar? Quer dizer que elas vão morrer pelo pecado de outros? Tu és bondoso e misericordioso, tenho certeza de que não vai fazer isso!".

A partir desse momento, Abraão fez um desafio com Deus: se existissem ao menos 50 justos em Sodoma e Gomorra, o Senhor não destruiria mais a cidade. No decorrer da conversa, o patriarca começou a se convencer do estado de podridão daquele lugar, diminuindo cada vez mais a quantidade de justos que ali deveriam habitar: 45, 40, 30, 20... Até que reduziu o número para 10 e foi embora. Apesar de toda barganha, Abraão teve sua resposta na manhã seguinte, quando olhou para Sodoma e Gomorra, e viu a fumaça da destruição enviada do Alto subindo pela planície.

A lição clara dessa história ecoa até os dias atuais, demonstrando onde a maldade dos homens pode chegar, a ponto de sermos incapazes de nos isentarmos do juízo de Deus. Além disso, também encontramos exemplos dessa realidade no Novo Testamento. Os apontamentos feitos por Jesus em algumas de suas parábolas demonstram o quanto o ser humano sozinho é inapto para alcançar uma conduta reta.

Esse é o caso do capítulo 15 do Evangelho de Lucas, onde temos um conjunto de histórias que poderíamos classificar como "as parábolas das coisas perdidas". A primeira é a famosa Parábola da Ovelha Perdida, e sabe o que é mais curioso nela? Quem vai atrás da ovelha é o próprio pastor. Já na segunda, uma mulher perde sua dracma, e depois de revirar toda a casa, a encontra. O que acontece novamente? A dona da moeda é quem a encontra. Já a última história carrega um detalhe que poucos percebem.

Na parábola do filho pródigo, o filho toma a herança do pai, gasta tudo o que podia e, caindo em si, deseja retornar. Porém, observe que, quando ele está se aproximando de casa: (1) apesar de tomar a atitude de voltar, não se considerava mais digno de ser chamado "filho"; (2) aqui se encontra o segredo: o pai é quem sai correndo em direção ao rapaz. Veja, é fácil perceber: em todas situações, é o Senhor quem decide nos buscar, e não o inverso. Quem sabe, por isso, Paulo fala com tanta veemência sobre nossas limitações:

> Todos se desviaram, tornaram-se juntamente inúteis; não há ninguém que faça o bem, não há nem um sequer. (Romanos 3.12)

Para entender a profundidade da palavra "inútil" nesse versículo, pense em alguns sinônimos: vazio, oco, malsucedido, infeliz, insuficiente, ineficaz, improdutivo, estéril, entre outros. Isto é, nós acabamos perdendo a utilidade quando deixamos de realizar aquilo que seria básico para que o plano de Deus se cumpra em nós nesta Terra. No entanto, por causa de nossa incapacidade, os reflexos de uma humanidade corrompida podem ser sentidos nas incontáveis histórias de cárcere privado, abandono familiar e tantas outras formas de violência.

Um dos exemplos mais caóticos da corrupção humana, com certeza, se encontra na Segunda Guerra Mundial. Nesse contexto, pensemos além dos massacres cometidos no campo de batalha, indo ao encontro das perversidades cometidas nos campos de concentração. Resumindo um pouco esse período trágico, tudo aconteceu entre os anos de 1939 e 1945, sendo Adolf Hitler o principal personagem e líder do partido nazista alemão. Mesmo que esse seja um assunto muito estudado, ainda nos dias atuais é possível nos chocarmos com os relatos do que acontecia nos locais de confinamento dos prisioneiros, tendo como caso mais famoso o campo de Auschwitz. Os horrores que ocorreram lá já foram temas de pinturas, livros, músicas e filmes.

Os campos de concentração nazistas eram comumente chamados de indústrias da morte, e a maneira como funcionavam era terrível. Tudo se deve ao próprio intuito da criação das câmaras de gás, que visavam a uma suposta "economia". Naquela época, a pólvora e as munições custavam muito caro, então era preciso encontrar uma forma de matar o maior número de pessoas gastando o mínimo possível.

Assim, os judeus que não eram mortos logo quando chegavam, mas eram colocados em alojamentos, nos quais passavam anos sofrendo de inanição e desidratação. A comida era racionada e sem nenhum padrão de qualidade. Além disso, muitos contraíam doenças por causa da aglomeração com outras pessoas em um espaço tão fechado. Os trens que os levava até os campos de concentração poderiam comportar, no máximo, 50 pessoas. No entanto, o descaso da guerra fazia que mais de 300, ou 400, pessoas fossem espremidas nos vagões.

Ao chegar aos campos, os judeus contemplavam belos jardins na entrada, facilitando que eles se entregassem de boa vontade. A estratégia era que os prisioneiros não entrassem em estresse emocional. Nas filas que levavam às câmaras de gás, orquestras eram postas para que se distraíssem com a música clássica e não causassem nenhum tipo de tumulto.

Depois de mortos, os corpos eram lançados em grandes fornos e queimados até que se transformassem em pó. Existem até boatos de que os judeus eram obrigados a checar os cadáveres de seus compatriotas para achar bens. Tudo que pudesse ter algum valor, desde relógios de bolso até dentes de ouro, era recolhido e entregue diretamente aos alemães. O trauma dessa tortura causava sérios danos psicológicos àquelas pessoas que, depois de chegarem ao seu limite, acabavam sendo eliminadas.

A crueldade não parava por aí. Alguns judeus eram usados como "cobaias" para experimentos de físicos, químicos e médicos nazistas. A maior parte desses testes visava conhecer os limites do corpo humano. Em um deles, foram separadas cerca de 100 pessoas, as quais, durante o resto de suas vidas, foram alimentadas apenas com água salgada. Infelizmente, acabaram morrendo por desidratação e pela ingestão daquele líquido tão insalubre. Outras pessoas tinham órgãos, como os rins, retirados e eram testadas até o limite de sua resistência.[1]

Podemos pensar que horrores assim são coisas passadas, que ficaram apenas para o registro da História.

---

[1] WACHSMANN, Nikolaus. **KL A história dos campos de concentração nazis**. São Geraldo: Dom Quixote, 2015.

Mas, todos os dias, somos relembrados de que a maldade humana continua habitando o coração dos homens. Não faz muito tempo, uma bomba foi detonada em Sri Lanka, dentro de uma igreja católica,[2] onde se reuniam aproximadamente 200 pessoas. A explosão teve diversas vítimas, e sua motivação foi puramente religiosa.

Fora os desastres já mencionados, não saem da minha memória as imagens daquele menino sobrevivente de um bombardeio na Síria que atingiu um edifício.[3] Ou então do grupo de cristãos egípcios sequestrados na Líbia, que foram degolados pelo Estado Islâmico.[4] Mais próximo de nós, quem não se lembra do recente caso do menino Rhuan, morto na frente de sua irmã pela própria mãe e sua companheira?[5]

---

[2] **Vídeo mostra chegada de suspeito homem-bomba à igreja alvo de ataque no Sri Lanka**. Publicado por *O Globo* em 23 de abril de 2019. Disponível em *https://oglobo.globo.com/mundo/video-mostra-chegada-de-suspeito-homem-bomba-igreja-alvo-de-ataque-no-sri-lanka-23616386*. Acesso em janeiro de 2020.

[3] **Imagem de menino resgatado de bombardeio na Síria comove o mundo**. Publicado por *G1* em 18 de agosto de 2016. Disponível em *http://g1.globo.com/jornal-nacional/noticia/2016/08/imagem-de-menino-resgatado-de-bombardeio-na-siria-comove-o-mundo.html*. Acesso em janeiro de 2020.

[4] **Estado Islâmico divulga vídeo com execução de 21 cristãos egípcios**. Publicado por *G1* em 15 de fevereiro de 2015. Disponível em *http://g1.globo.com/mundo/noticia/2015/02/estado-islamico-divulga-video-com-execucao-de-21-cristaos-egipcios.html*. Acesso em janeiro de 2020.

[5] **Rhuan Maycon, menino que foi esquartejado, teve pênis cortado há um ano**. Publicado por *Correio Braziliense* em 3 de junho de 2019. Disponível em *https://www.correiobraziliense.com.br/app/noticia/cidades/2019/06/03/interna_cidadesdf,759663/rhuan-maycon-sofria-maus-tratos-antes-de-morrer.shtml*. Acesso em janeiro de 2020.

Mesmo diante dessas atrocidades, pode ser que você as considere histórias muito distantes da sua realidade. Afinal, conseguimos classificar as pessoas que cometem atos assim como loucos e dizer que eles vivem em um contexto diferente do nosso. Mas, acredite, todos os personagens que se envolveram nos maiores casos de crueldade que você possa lembrar, como Hitler, não são tão diferentes de nós como imaginamos.

O evangelista Paul Washer, em seu livro *O verdadeiro Evangelho*[6], fala um pouco sobre esse tema:

> Hitler não foi uma anomalia. Hitler não foi um fenômeno extraordinário; Hitler foi o que cada frequentador dos cultos dominicais tem o potencial de ser. [...] Nós não entendemos o que a Palavra ensina sobre a extrema maldade dos homens.

De fato, conseguimos ver pessoas morrendo debaixo dos nossos olhos, sofrendo em situação de miséria e fome, e fingir que nada está acontecendo. O que isso significa é que todos os atos de maldade são compartilhados pelos homens, ainda que por meio da omissão. E até mesmo aquilo que consideramos ser bom segundo nosso julgamento pode ser questionado. Veja o que diz o profeta Isaías:

> Somos como o impuro – todos nós! Todos os nossos atos de justiça são como trapo imundo. Murchamos como folhas, e

---

[6] WASHER, Paul. **O verdadeiro Evangelho**. São Paulo: Fiel, 2012.

como o vento as nossas iniquidades nos levam para longe. (Isaías 64.6)

Em síntese, não existe virtude nenhuma em nós – o Homem é mau. Se você não consegue assimilar essa verdade, não é possível que tenha aprendido o suficiente sobre o cristianismo. Se você diz crer na Bíblia, não pode fugir dessa realidade. Qualquer virtude que você encontre dentro de si tem uma única fonte: Deus. Mesmo assim, preferimos nos preocupar com os medos mais medíocres em vez de temer somente a Ele. Ficamos inquietos quando a companhia de energia ameaça cortar nossa luz. Ou tentamos esconder de amigos nossos vícios mais perversos. Para muitos, está tudo bem em continuar no lamaçal do pecado, desde que não sejam descobertos e que sua imagem fique preservada, ainda que estejam mergulhados em mentiras e enganos. Todas essas atitudes só nos mostram o quanto a religiosidade consegue nos levar à arrogância de lermos a Bíblia e dizermos que está tudo bem conosco.

> *Qualquer virtude que você encontre dentro de si tem uma única fonte: Deus.*

Depois de tudo isso, você deve estar pensando: "Quem esse pastor pensa que é?". Meus irmãos, vocês acham que eu estou

> *Nossa esperança está no Único Justo, e seu nome é Jesus.*

em posição de vantagem apenas por dizer estas coisas? Como já afirmei várias vezes, ninguém pode escapar da sentença de Deus. Pelo contrário, eu fui o primeiro a ser confrontado com essa realidade. Eu sou tão inútil e mau quanto qualquer outro ser humano, carente e necessitado do perdão divino. Portanto, nossa esperança está no Único Justo, e seu nome é Jesus. Se estivermos n'Ele, vivermos Seu Reino e participarmos do Seu Corpo, seremos salvos, sobretudo de nós mesmos e de nossa realidade terrível.

Quem poderá nos defender?

Capítulo 4

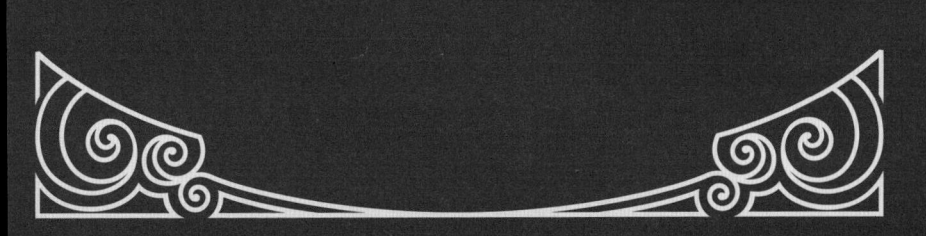

Chegamos ao quarto capítulo deste livro, e acredito que, neste momento, você esteja olhando pra trás e pensando: "Até agora eu só ouvi notícias ruins. Onde está o Evangelho nisso tudo?". Afinal, a própria palavra "evangelho" pode ser traduzida como "boa mensagem ou notícia". Talvez isso soe meio contraditório por causa dos assuntos que temos abordado, não é mesmo? Diante de uma realidade um pouco assustadora para algumas pessoas, expressa nos capítulos anteriores, muitos devem ter pensado algo como aquela famosa frase pela qual era chamado o personagem Chapolin Colorado[1]: "E agora, quem poderá nos defender?". Infelizmente, o herói criado por Roberto Gómez Bolaños

> *Jesus é nosso único defensor contra a maldade que nos assola e a ira do Pai sobre a humanidade.*

ficaria de mãos atadas nessa situação, pois Jesus é nosso único defensor contra a maldade que nos assola e a ira do Pai sobre a humanidade.

Para entendermos melhor esse papel fundamental de Jesus na relação da humanidade com Deus, voltaremos a alguns conceitos-chave que abordamos anteriormente. Primeiro, percebemos que o Deus que nos ama é o mesmo que está enfurecido com o pecado do mundo. Porém, esse amor que Ele sente por Sua

---

[1] **El Chapulín Colorado**. Direção: Enrique Segoviano. Produção: Roberto Gómez Bolaños, Enrique Segoviano. México: Televisa, 1970.

criação não anula Sua justiça, mas justifica ainda mais Sua ira. Afinal, se Ele sente ira, é porque se importa conosco. Depois disso, observamos como o juízo de Deus se manifesta em todas as Suas características, apresentando Seu caráter imparcial e abrangente. Por fim, no capítulo anterior, pudemos ficar à frente com um espelho e encarar nossa índole pecaminosa.

Diante de verdades tão confrontadoras, podemos encontrar dois tipos de pessoas: os fatalistas e os orgulhosos. O primeiro grupo tem uma visão quase pessimista a respeito do futuro, acreditando que não têm a capacidade de alterar o curso das suas vidas, e agem como se fossem reféns de suas próprias circunstâncias. São essas pessoas que costumam se deparar com situações aparentemente impossíveis e desistir antes mesmo de tentar. Já os orgulhosos consideram-se "bons cidadãos" e recorrem a uma mentira muito comum: "Eu sou uma pessoa boa, não estou incluído nesse destino cruel".

Prova disso é que, talvez, se hoje nós entrássemos em um restaurante ou bar e perguntássemos para todos ali quem se considera uma boa pessoa, muitos levantariam a mão. Em lugares onde a teologia bíblica não é um princípio, ou mesmo não é bem compreendida, encontraríamos as falas mais diversas: "Eu faço caridade, sempre ajudo moradores de rua"; "Eu nunca desrespeitei os meus pais, sou um ótimo filho"; "Eu amo os animais, os trato como se fossem seres humanos". A lista seria infinita e um debate sobre essas afirmações não levaria a lugar algum.

Eu mesmo, antes de me converter, me achava uma boa pessoa. Consumia e produzia minha própria maconha, para que não precisasse sustentar o tráfico de drogas. De vez em quando, cometia alguns furtos, mas os alvos eram sempre pessoas ricas – quase um Robin Hood[2]. Na escola, eu amava brigar, mas, na minha cabeça, era sempre para "defender os fracos e oprimidos". Tudo aquilo, por mais duro que seja de reconhecer, era apenas uma justificativa para que eu fizesse o que achava melhor. Na realidade, não tinha nada a ver com o fato de ser um bom cidadão, mas, sim, para não me sentir culpado.

E é aqui que encontramos a terceira via, longe da dependência da sorte ou da nossa própria altivez: a fé em Cristo Jesus. A esse respeito, Paulo nos exorta quando menciona o poder do Evangelho em Romanos 1:

> Não me envergonho do evangelho, porque é o poder de Deus para a salvação de todo aquele que crê [...]. (Romanos 1.16)

Essa declaração do apóstolo carrega algo que, muitas vezes, pode passar despercebido: o Evangelho não é uma informação intelectual; antes, é uma

---

[2] Robin Hood é um herói fictício inglês conhecido por roubar recursos da nobreza para dar aos pobres.

manifestação de poder. Ou seja, a grandeza dessa mensagem não está em ideias lógicas, mas na autoridade conferida a todo aquele que crê.

Em virtude disso, quando Paulo disse "não se envergonhe", ele entendia a capacidade que essas palavras tinham de transformar o perdido. Imagine o que significa para uma pessoa, que acabou de perceber que toda sua vida havia sido imersa em pecado e sujeira até o instante em que conheceu Jesus, ouvir que ela não deve se envergonhar. Tudo o que sentimos em um momento como esse é o constrangimento pelo modo como estávamos vivendo. Afinal, após vermos a disparidade que existe entre nós, tão pecadores, e um Deus tão perfeito, uma das reações mais óbvias que poderíamos ter seria a vergonha e o desespero. No entanto, ao dizer essas palavras, Paulo nos mostra que, com o Evangelho, podemos fazer justamente o contrário e começar a ter esperança.

> *Quando Paulo disse "não se envergonhe", ele entendia a capacidade que essas palavras tinham de transformar o perdido.*

No entanto, como é que um princípio tão fundamental para nosso processo de redenção tem sido ignorado pelos homens? O motivo é simples: o Evangelho só é devidamente valorizado em um ambiente de completa humildade. Só assim, a verdadeira fé pode ter lugar. Porém, quando pensamos que estamos bem e não precisamos de ajuda, estamos automaticamente dispensando a salvação que Cristo nos oferece. Isso, porque, por mais que já tenhamos entendido que o ato de crer exige muita coragem, não podemos ignorar as palavras ditas pelo próprio Jesus: "Não são os que têm saúde que precisam de médico, mas sim os doentes. Eu não vim para chamar justos, mas pecadores" (Marcos 2.17).

Logo, a triste constatação é que nem todos se consideram doentes, assim como um paciente que se recusa a aceitar seu diagnóstico. E quantas são as enfermidades que crescem silenciosamente, até que, quando descobertas, não possuem mais solução. É como se preferíssemos passar uma "maquiagem" nos problemas ou andar de forma a ignorar nossa condição, ainda que isso custe nossa própria vida. E esse tipo de comportamento é próprio de quem prefere morrer acreditando em uma mentira do que admitir falhas ou voltar atrás em escolhas precipitadas.

Portanto, o melhor caminho para receber a salvação de nossas vidas é abandonar o orgulho e abrir mão da reputação de "bonzinhos", sabendo que Jesus não está preocupado em argumentar conosco o que podemos contar como "boas ações" e o que testemunha contra nós. Ele está interessado é em nossa humildade, em que reconheçamos que nossa justiça é falha e em que aceitemos Sua redenção. E é sobre isso que trata o versículo 21 de Romanos 3:

> Mas agora se manifestou uma justiça que provém de Deus, independente da lei, da qual testemunham a Lei e os Profetas [...]

Paulo está dizendo que, a partir do sacrifício de Cristo na cruz, uma nova justiça é manifestada. Ela não veio do homem (Lei ou Profetas) nem depende dele, mas é uma obra idealizada e executada pelo Criador.

Sendo assim, apesar de o conceito de salvação por meio da fé na obra redentora de Jesus parecer simples, devemos analisar algo muito importante que aparentemente gera um conflito com esse versículo: a definição de justiça. Basicamente, a justiça manifesta-se quando há conformidade com aquilo que é certo. Entretanto, veja, essa designação levanta uma questão primordial, que já tratamos lá atrás: como Deus pode nos abençoar se, por natureza, nós somos malditos? Ou pior: como é que Ele pode nos chamar de filhos se nós somos Seus inimigos por causa do pecado? A chave desta discussão está no entendimento de que Deus estabeleceu Sua própria justiça, que é diferente da humana.

Dessa forma, Paulo está nos dizendo que Deus encontrou um caminho no Seu caráter íntegro para nos salvar, que não depende da Lei ou de nossos méritos. Por isso, somos chamados por Ele de justos e santos, mesmo sendo pecadores. Por meio do Calvário, o Senhor mostrou uma via que, até então, não constava nem mesmo na mente de Satanás, preservando Sua justiça e derramando Seu amor pela humanidade.

Agora, algo que você precisa saber é que essa iniciativa partiu do próprio Deus, e não de nós. Veja: "Mas Deus nos prova seu grande amor ao enviar Cristo para morrer por nós quando ainda éramos pecadores" (Romanos 5.8 – NVT). Para a mente moralista de muitos cristãos, descansar nessa graça pode ser uma tarefa inconcebível. Em alguns casos, poderíamos até mesmo classificar a dádiva da salvação como loucura. Mas, espere, não é esta palavra mesmo que as Escrituras utilizam?

> Pois a mensagem da cruz é loucura para os que estão perecendo, mas para nós, que estamos sendo salvos, é o poder de Deus. (1 Coríntios 1.18)

Sim, a própria Bíblia afirma que o Evangelho é loucura para a lógica humana. Afinal, sejamos sinceros: quem fez a escolha errada fomos nós. Lá em Gênesis 3, quando Eva decidiu escutar a proposta da serpente, a humanidade estava optando pelo pecado da desobediência. No entanto, em tudo isso, o mais inacreditável é que eu já ouvi pessoas dizerem: "Ah, pastor, eu acho que Deus foi meio participativo no pecado do homem, já que Ele criou a Árvore do Conhecimento do Bem e do Mal". Como assim? Nós escolhemos pecar, nós decidimos por uma vida de

> *O Evangelho é loucura para a lógica humana.*

rebeldia e, mesmo sendo essa nossa postura, o Senhor continuou nos amando. Aliás, preciso repetir algo que você certamente já ouviu, mas que agora ganhou um novo significado: Jesus o ama! E não porque você é valioso, mas porque todo o valor está n'Ele, e Cristo escolheu amá-lo por aquilo que Ele é.

Essa promessa de amor foi feita há muito tempo, inclusive, no mesmo contexto da queda do Homem. Em Gênesis 3.15, enquanto Deus sentenciava a mulher, Ele garantiu que dela surgiria Aquele que pisaria a cabeça da serpente. E o Salvador é o cumprimento dessa profecia, já que é em Jesus que culmina tudo o que foi profetizado, mesmo antes de Deus nos dar a Lei, tudo aponta para Ele. Além disso, tantas outras passagens indicam o Messias esperado, e Jesus confirma essas palavras: Ele é o Pão da Vida (João 6.35), a Água Viva (João 4.10), a Raiz de Davi e a Estrela da Manhã (Apocalipse 22.16). Podemos até gastar muito tempo indo atrás de mistérios profundos da Palavra, mas a máxima revelação de Deus para a humanidade é Jesus. O maior segredo expresso pelo coração do Pai está contido em Seu Filho e em Seu poder para salvar a todos:

> [...] justiça de Deus mediante a fé em Jesus Cristo para todos os que creem. Não há distinção, pois todos pecaram

e estão destituídos da glória de Deus, sendo justificados gratuitamente por sua graça, por meio da redenção que há em Cristo Jesus. Deus o ofereceu como sacrifício para propiciação mediante a fé, pelo seu sangue, demonstrando a sua justiça. Em sua tolerância, havia deixado impunes os pecados anteriormente cometidos. (Romanos 3.22-25)

O verso é claro quando utiliza a frase "não há distinção": todos nós, sem exceção, somos carentes da redenção. O pecado fez com que fôssemos destituídos da glória de Deus, ou seja, não existe nem nunca existiu alguém na face da Terra que não precisasse de salvação. Nascer no Oriente ou no Ocidente, na era medieval ou na modernidade, estar a dias ou milênios da vinda de Jesus, nada nos exclui dessa lista. Todos estão sujeitos à ira de Deus; logo, precisam ser redimidos pelo sangue do Cordeiro.

Desse modo, para entendermos melhor o escopo completo da obra que Jesus realizou por nós na cruz, trataremos de três aspectos essenciais presentes no trecho citado.

Justificação

O primeiro ponto fala sobre a justificação, um termo que é utilizado de diversas maneiras por toda a Bíblia. A Palavra nos diz que, por meio do sangue de Jesus e através da fé, fomos declarados justos (Romanos 5.1), e Deus jogou nossos pecados nas profundezas do mar (Miqueias 7.19). Por esse motivo, não somos mais contados entre os pecadores e "agora já não há condenação para os que estão em Cristo Jesus" (Romanos 8.1).

Dentro disso, a justificação possui duas principais facetas, sendo elas nos **declarar** e nos **tornar** justos. Apesar de serem palavras com um sentido similar e que, no fim das contas, levam a um mesmo propósito, é necessário fazer uma diferenciação. Quando, em um primeiro momento, somos declarados justos, muitos podem ter questionamentos sobre essa sentença, ainda que o Grande Juiz tenha nos descrito assim. Para muitos, talvez seja difícil assimilar essa afirmação de maneira instantânea, já que, por termos passado tantos anos em uma realidade diferente, isso gerou mentiras internas que nos cegaram e que querem negar aquilo que o Senhor diz ao nosso respeito.

É exatamente por essa razão que, do momento em que Deus declara Sua justiça sobre nós em diante, passamos pelo processo de nos tornarmos justos. Isso significa que é a partir de um decreto que já foi liberado sobre nossas vidas que mudamos nosso comportamento. Isso é uma coisa fantástica, que demonstra o poder das palavras proferidas pelo Senhor em nossa vida e a transformação promovida pelo Evangelho.

Portanto, é o que o Deus afirma a nosso respeito que nos empurra à santificação, para que nos submetamos à transformação que está disponível a nós pela Sua Palavra. Contudo, em vez disso, muitos estão mais atentos à voz do Inimigo que nos condena. Essas pessoas têm feito sua residência no cárcere enquanto o alvará de soltura já foi expedido há muito tempo. Por isso, aprenda a distinguir a voz do Espírito Santo, meu irmão. Não existe mais culpa sobre sua vida! Por Jesus, fomos completamente justificados em Deus, e não há nada que possa nos afastar dessa verdade. Isso é bom demais, não é? Assim, você deve caminhar com uma consciência liberta de todo jugo que um dia o prendeu.

Se continuarmos dentro desse tema, podemos abordar um fator que anda lado a lado com a justificação: a regeneração. Essa, talvez, seja uma palavra um pouco mais comum a nós, podendo ser usada para descrever toda a ideia expressa no Novo Nascimento. A regeneração é um processo pelo qual todo aquele que aceitou a fé em Jesus necessita passar se deseja viver uma nova realidade. De fato, o Evangelho tem esse caráter regenerativo, transformando pessoas totalmente desacreditadas e mortas espiritualmente em filhos capacitados e conectados ao próprio Pai.

Então, olhando para as Boas Novas sob a perspectiva da regeneração, temos um diálogo muito interessante protagonizado por Jesus e Nicodemos, um fariseu que tinha muito apreço pelo Mestre. Durante a conversa, Jesus diz as seguintes palavras:

> [...] Digo a verdade: Ninguém pode ver o Reino de Deus, se não nascer de novo. (João 3.3)

Ao ouvir essa declaração, Nicodemos ficou confuso, afinal, na lógica humana, aquilo não fazia o menor sentido. Se retirássemos essa frase de contexto, provavelmente chegaríamos à mesma indagação: como é possível um ser já formado renascer? A verdade é que o milagre desse Novo Nascimento não acontece no âmbito físico, mas, sim, no espiritual. E como seres formados de corpo, alma e espírito, temos à disposição esse convite de termos nosso interior transformado de uma forma sobrenatural.

> *A mesma fé que o salva também precisa transformá-lo.*

A esta altura, chegamos a um ponto em que é necessário que prestemos muita atenção a uma coisa: a lição que pode ser retirada da regeneração é que a mesma fé que o salva também precisa transformá-lo. A fé cristã não é um placebo, uma pílula de farinha que tem uma falsa promessa de cura. Não há disfarces ou propagandas enganosas, pois ela cumpre sua função crucial de nos levar ao perdão dos pecados e de nos aperfeiçoar na justiça. Consequentemente, aquele que se entrega a essa jornada, a cada dia, se parecerá mais com o Nazareno.

Lembro-me de uma madrugada específica que marcou minha vida para sempre, e que iniciou minha caminhada de regeneração em Cristo. Naquela noite, eu fui impactado pela glória do Evangelho. Deus me levou como que para a frente de um espelho, em que eu enxerguei quem eu era, mas, até aquele momento, ignorava. Posso dizer que minha conversão não foi nada romântica, muito menos bonita e perfumada. Eu não tive a oportunidade de levantar a mão em um culto, mas, sim, de chorar amargamente, reconhecendo o lixo em que eu estava vivendo e o quanto precisava de uma mudança intensa. Quem sabe agora você entenda um pouco melhor minha maneira de me expressar, pois eu sei o que é estar do outro lado e ter uma segunda chance.

Hoje, posso reconhecer as diversas mudanças em minha vida, ainda que esteja longe de ser quem Deus quer que eu seja, também estou muito distante do que eu já fui sem Jesus. A cada dia que passa, Ele me atribui virtudes, caráter e retidão. Ao olhar para trás e comparar minha antiga realidade com tudo o que o Senhor tem feito, só posso agradecê-lO, sabendo que nada disso provém de mim.

> *Ainda que esteja longe de ser quem Deus quer que eu seja, também estou muito distante do que eu já fui sem Jesus.*

Prova disso é que, em outra época, qualquer pessoa que olhasse para mim não me daria valor algum, e atualmente o Pai tem me tornado um homem íntegro, há quilômetros de distância do Felipe que um dia existiu.

Redenção

Agora que entendemos um pouco mais sobre a justificação, o segundo ponto que o apóstolo Paulo aborda é a redenção. Esse é um termo utilizado desde a antiguidade, e era empregado para se referir à compra de um escravo no mercado. Além disso, o valor pago pela redenção de um escravo pode remeter também ao seu resgate ou soltura. Tendo isso em mente, o que Paulo estava declarando é que o sacrifício de Cristo teve um aspecto redentor: Jesus nos remiu do jugo de escravidão que estava sobre nossas costas, nos libertando do domínio do pecado (Romanos 6.6).

Para entender melhor os conceitos de liberdade e escravidão nesse contexto, vamos levar em conta a história do nosso país, que tem um dos quadros mais revoltantes relacionados ao assunto. O Brasil foi o último país das Américas a assinar a abolição. Antes do marco de 1888, foram séculos de exploração de outros povos que marcaram nossa nação no radar mundial. Os reflexos dessa herança são vistos até os dias atuais, além de constar nos livros de História para a posteridade, marcando nossa cultura de formas que, muitas vezes, nem percebemos.[3]

---

[3] **O destino dos negros após a Abolição**. Publicado por IPEA: Desafios do Desenvolvimento, em 29 de dezembro de 2011. Disponível em *http://www.ipea.gov.br/desafios/index.php?option=com_content&id=2673%3Acatid%3D28&Itemid=23*. Acesso em janeiro de 2020.

Levando tudo isso em conta, você consegue imaginar a vivência em uma realidade restrita ao cárcere, trabalhos forçados e violência? Foi justamente de um jugo como esse que você foi liberto, comprado por Cristo por um alto preço. E mesmo que os anos de escravidão do pecado tenham deixado resquícios em sua vida, a transformação disponível em Jesus é poderosa para apagá-los um a um. Então, quando você pensar em se vitimizar, lembre-se do lugar de que você foi retirado e onde Ele o colocou hoje.

Propiciação

Por último, temos o terceiro ponto abordado por Paulo, e que, na minha visão, é um dos principais que definem a entrega de Cristo. A palavra-chave desse aspecto está no versículo 25: propiciação. Para contextualizar o sentido dessa palavra, precisamos fazer uma viagem ao Antigo Testamento. Em Êxodo 25, Moisés orienta o povo a respeito do Tabernáculo que Deus havia ordenado que construíssem. Ele dá diversos direcionamentos e detalhes específicos sobre aquilo que seria a Morada do Senhor. De forma didática, o Tabernáculo tinha um objetivo: demonstrar o desejo do Criador de habitar em meio ao Seu povo. Porém, o impeditivo para que essa vontade não se concretizasse era justamente o pecado. Por isso, o povo deveria seguir estritamente cada orientação divina, pois esse seria o meio para que Deus se estabelecesse entre eles.

Falando especificamente do Tabernáculo, ele era composto de uma tenda com duas repartições comuns: o Santo Lugar e o Santíssimo Lugar ou, como é mais conhecido, Santo dos Santos. Uma vez por ano, o sumo sacerdote, líder dos demais sacerdotes, tinha o dever de adentrar o Santo dos Santos com o objetivo de realizar uma cerimônia crucial da Lei. Mas antes de falar um pouco sobre esse sacrifício, vamos nos ater ao principal item que ficava dentro desse lugar: a Arca da Aliança.

A construção da Arca foi uma dessas ordenanças específicas dadas pelo Senhor juntamente com o Tabernáculo. Era uma caixa de madeira de acácia com, aproximadamente, 1,10 metros de comprimento e pouco mais de 60 centímetros de altura. Sua cobertura era de ouro, por dentro e por fora, e tinha uma tampa do mesmo material com dois querubins esculpidos, ajoelhados um de frente para o outro. Dentro da Arca, estavam alguns objetos sagrados: as tábuas dos Dez Mandamentos, a vara de Arão e uma porção de Maná. É interessante pensar que, em um mesmo lugar, estavam contidos esses itens que representavam: (1) o padrão de moral de Deus; (2) uma lembrança dos prodígios realizados diante do Faraó e da separação sacerdotal do irmão de Moisés; e (3) uma prova da provisão concedida pelo Senhor no deserto.

Entretanto, por agora, o detalhe importante para nós neste momento é a tampa da Arca da Aliança, conhecida como Propiciatório. Quando o sumo sacerdote entrava no Santo dos Santos, ele deveria aspergir o sangue de um cordeiro sem defeitos sobre a tampa. Esse ato simbolizava um pedido de perdão a Deus pelos pecados cometidos pelo povo. O sacrifício com sangue satisfazia o padrão moral de Deus, quebrado pelo homem, e profeticamente anunciava que um dia haveria um Cordeiro que morreria pelo perdão definitivo dos pecados. Não só isso, mas o sangue de Cristo cobriria qualquer acusação que pudesse ser fundamentada na Lei e cumpriria todas as suas altas exigências. E foi justamente sobre isso que, séculos depois do estabelecimento da Lei, João Batista, a voz que clama no deserto, profetizou:

[...] Eis o Cordeiro de Deus, que tira o pecado do mundo! (João 1.29 – ARA)

A afirmação de João Batista ganha um novo significado quando olhamos por esse ponto de vista. Jesus era o aguardado Messias que seria a propiciação pelos pecados do mundo. E por meio do Seu sangue, estamos cobertos de pureza e justiça, assim como afirma 1 Pedro 1.19. Então, quando você imaginar essa "cobertura espiritual" pense que, quando somos vistos por Deus, o sangue de Jesus nos esconde em Sua presença, salvos da condenação que um dia esteve sobre nós. Porém, para entendermos melhor a propiciação, e por que precisamos tanto dela, vejamos um pouco desse conceito ao longo da História.

Segundo os costumes pagãos, uma propiciação era necessária porque os deuses adorados em culturas desse tipo são caprichosos e demandam oferendas de seus servos. Temos alguns exemplos no passado, como nas sociedades grega e egípcia, ou mais atuais, como no caso de religiões afro-brasileiras que exigem sacrifícios.[4] Entretanto, não é a mesma coisa que acontece na fé cristã, já que a Palavra nos afirma que nós precisamos de propiciação por causa de nossas transgressões, que geram a santa ira de Deus, e não por um capricho d'Ele. Consegue entender a diferença?

Ainda tratando dos rituais pagãos, quem precisava fazer a propiciação era sempre o ofensor. Isso significa que a propiciação acontecia quando uma ofensa era dirigida a algum deus, sendo necessária para que o mal fosse corrigido, a fim de mitigar a fúria superior. Já na fé cristã, nós entendemos que, mesmo que essa lógica se aplicasse, nós não teríamos absolutamente nada para entregar a Deus que aplacasse Sua ira. Nem nossos dízimos, nossas mãos levantadas, nossos louvores inspirados e nossos trabalhos missionários fariam com que o Senhor se esquecesse de nossas falhas. Somente o sacrifício ao qual o apóstolo Paulo se refere é capaz de mudar a ordem natural, pois ele difere de qualquer outro credo um dia já proposto, uma vez que provém do próprio Deus. Entenda, nós cremos em um Deus

---

[4] PACKER, J. I. **O conhecimento de Deus**. São Paulo: Cultura Cristã, 2014.

possuidor de um amor extravagante: nossa propiciação é feita por Ele mesmo!

Para exemplificar esse conceito, você se recorda de quando, no primeiro capítulo, nós compreendemos que não era o Diabo quem estava pregando o Salvador no madeiro, mas, sim, de que se tratava de uma entrega do próprio Pai? Lembre-se também do episódio de Gênesis 22, quando Abraão subiu ao alto do Monte Moriá com o encargo de sacrificar seu próprio filho, Isaque. O texto nos diz que, após ser impedido pelo Anjo do Senhor, o patriarca encontrou um carneiro preso pelos chifres nos galhos. Tudo isso indica que, mesmo tantos anos atrás, antes ainda da Lei, Deus já evidenciava Seu plano de redenção por meio de uma propiciação fornecida por Ele.

Diante disso, pense por um momento: nós fizemos tudo o que era possível para frustrar as bênçãos que nos foram concedidas. E quem tomou a iniciativa de consertar tudo foi Alguém totalmente isento da situação. Deus, que não fez absolutamente nada de errado, decidiu oferecer Seu bem mais precioso a fim de resolver o problema que O separou de Sua criação. Logo, quando Jesus carregou sobre Si a condenação e a maldição que estava sobre nós, toda lógica que o mundo poderia conceber em relação a um sacrifício foi quebrada, iniciando um novo tempo para a humanidade.

Eu não sei você, mas eu fico muito alegre ao saber de tudo isso. Decerto, muitos irão dizer que "a conta

> *Ainda que Deus decidisse exigir uma vírgula de nós, saiba que não seríamos capazes de entregá-la. Então, basta crer.*

não fecha", já que, no fim, tudo isso pode parecer uma coisa muito distante ou mesmo inalcançável. Mas por que tentar dificultar algo que é tão simples e que o Eterno decidiu realizar por você? Não tente trazer o paganismo para dentro da fé cristã: esqueça o mérito. Ainda que Deus decidisse exigir uma vírgula de nós, saiba que não seríamos capazes de entregá-la. Então, basta crer.

Parece tão simples, não é? Já falamos tanto sobre isso. Mas será que, de fato, sabemos o que realmente significa crer, ou seja, ter fé? Primeiramente, fé não é otimismo, mas uma certeza (Hebreus 11.1). E no caso do cristão, é a certeza de que Jesus é a única pessoa suficiente para nossas vidas, e que para sermos salvos, transformados e santificados, precisamos apenas d'Ele e mais nada. É importante que você tenha esse pilar muito bem estabelecido em seu coração, pois, como o texto de Hebreus explica, a fé é um "firme fundamento", e se ela não está alicerçada em raízes profundas, não pode sobreviver.

> [...] mas, no presente, demonstrou a sua justiça, a fim de ser justo e justificador daquele que tem fé em Jesus. (Romanos 3.26)

Ainda a respeito da fé, um dia eu me deparei com um vídeo, no qual um filósofo brasileiro respondia a uma pergunta sobre a Bíblia. Depois de expor um pouco do que ele pensava a respeito das Escrituras, disse algo que eu achei muito interessante. O pensador afirmou que desejava ter fé e que sentia uma profunda inveja por quem tinha esse privilégio. Honestamente, espero em Deus que, um dia, essa fé verdadeira possa alcançá-lo, mas a lição que aprendi com essa declaração foi a seguinte: mesmo as mentes mais cultas entendem o benefício da fé, e quando são postas à frente da luz do Evangelho, são incapazes de negar o poder de crer em Cristo Jesus. Assim, fomos agraciados com uma fé irresistível e que nos possibilita sermos livres de qualquer amarra de engano.

> *Fomos agraciados com uma fé irresistível e que nos possibilita sermos livres de qualquer amarra de engano.*

No entanto, pessoas se perdem diariamente em ideias como a de que "todos os caminhos levam a Deus". Estamos cercados por conceitos que parecem bonitos, como esse, mas a verdade é que o próprio Cristo afirmou ser o Único Caminho (João 14.6). Mesmo assim, desde o passado, muitas religiões e seitas se preocuparam em comprovar sua crença, apresentando falsos salvadores e ensinamentos transcendentais. Porém, mesmo que possuam um valor histórico, nenhuma delas foi capaz de romper com as leis naturais – como a ressurreição de Jesus –, dividir a História e apresentar um Deus verdadeiro que deseja se comunicar diretamente com Seus filhos.

Portanto, somente a fé e a permanência no Unigênito Filho de Deus poderá gerar frutos duradouros que apontarão para o Pai e despertarão um mundo iludido por tantas mentiras. É nos mantendo constantes na fé que geraremos um testemunho digno do sacrifício que foi feito por nós, mesmo sabendo que nada disso pode comprá-lo. Diante disso, não se coloque na mesma posição dos fariseus e saduceus com quem João Batista tanto se enfureceu:

> [...] Raça de víboras! Quem lhes deu a ideia de fugir da ira que se aproxima? Deem fruto que mostre o arrependimento! (Mateus 3.7-8)

Meu irmão, se você diz crer em Jesus e continua vivendo a mesma vida imunda de sempre, sua fé não está n'Ele. Em vez disso, você acredita em algo genérico, e, nesse caso, essa não é a fé poderosa à qual o livro de Hebreus se refere. Aliás, não é muito difícil encontrar pessoas que criaram seu próprio Cristo dentro de suas cabeças, um ser apático e que não fala de mais nada a não ser de amor. Junto com estes, temos também aqueles que são orgulhosos diante da fé, utilizando a liberdade dada por Jesus para contar vantagem ou alegar que a graça os exclui de qualquer correção, dando margem para que vivam da maneira como quiserem. Para este tipo de pessoas, veja o que Paulo disse:

> Onde está, então, o motivo de vanglória? É excluído. Baseado em que princípio? No da obediência à Lei? Não, mas no princípio da fé. Pois sustentamos que o homem é justificado pela fé, independente da obediência à Lei. (Romanos 3.27-28)

Cristianismo e orgulho, ou mesmo relativismo, não têm como caminhar juntos: ou somos cristãos ou somos movidos por sentimentos e ideologias mundanos. Como já vimos, o Evangelho está disponível a todos, mas só aquele que tem humildade para reconhecer suas doenças e permitir ser curado poderá se achegar ao Pai. Quando o homem decide se humilhar, Deus pode, então, ser glorificado. Isto é, nos vangloriarmos por algo em que não temos mérito algum é perda de tempo, é como tentar atribuir valor à podridão. Por causa disso, mais uma vez, o apóstolo Pedro orienta a todos que o melhor caminho é se humilhar "[...] debaixo da poderosa mão de Deus, para que ele os exalte no tempo devido" (1 Pedro 5.6).

Consequentemente, um verdadeiro crente no Evangelho de Cristo é a pessoa mais tranquila da Terra, sabe por quê? Ele não julga os outros, pois tem a consciência de que antes era ele mesmo quem merecia julgamento. Não condena ninguém, porque entende que tinha uma sentença sobre si que o apontava para a condenação e o sofrimento eternos, e não foi salvo disso por mérito próprio. Entretanto, ser alguém tranquilo não significa ter uma atitude passiva. O que muitos cristãos confundem é o que essas afirmações realmente significam com uma fé monótona e nem um pouco ousada. Para crentes assim, é mais cômodo ignorar o próximo que continua em uma vida pecaminosa e corre em direção ao inferno, sem fazer nada para ajudá-lo.

> *Ou somos cristãos ou somos movidos por sentimentos e ideologias mundanos.*

Como sempre, temos também os radicais, que só enxergam a perdição do mundo e se esquecem das almas que o habitam. Quando pessoas assim têm a oportunidade de falar com alguém que não é convertido, a conversa sempre é permeada por comentários referentes à conduta errada do descrente. Todavia, apontar a verdade sem amor é trazer condenação, e não compaixão ao perdido. E é por isso que, assim como devemos viver uma vida reta e conservar nosso testemunho, temos de ter compromisso com a verdade completa das Boas Novas, incluindo o amor e a graça do Senhor. Apresentar um Deus que condena o pecado, sem revelar a possibilidade de salvação por intermédio do sangue de Jesus, é o mesmo que remover o propósito de sua vinda.

Agora, para que possamos sanar uma dúvida muito comum na mente de muitas pessoas a respeito desse assunto, é necessário que você tenha assimilado essas verdades que acabamos de analisar. Muitos questionam: "O Senhor é Deus apenas dos evangélicos? Ele também não é Deus daqueles que não creem?". Como resposta a essa indagação, o versículo 30 de Romanos 3 afirma que: "[...] existe um só Deus que pela fé justificará os circuncisos e incircuncisos". Isso significa que não importa se Deus é evangélico, oriental, ocidental ou qualquer outra coisa – Ele é o Criador dos Céus e da Terra, e de todos nós. Logo, nós não cremos no "Deus da igreja evangélica", mas Naquele que era, que é e que há de vir. Aquele que formou todas as coisas e sustenta tudo em Suas mãos!

> Deus é Deus apenas dos judeus? Ele não é também o Deus dos gentios? Sim, dos gentios também, visto que existe um só Deus, que pela fé justificará os circuncisos e os incircuncisos. Anulamos então a lei pela fé? De maneira nenhuma! Pelo contrário, confirmamos a lei. (Romanos 3.29-31)

A última questão que vamos abordar neste capítulo foi citada de maneira brilhante por Paulo, no versículo 31: "Anulamos então a Lei pela fé?". De maneira resumida, após todo esse aprendizado sobre a Cruz e a fé, a conclusão óbvia seria dizer que: "Jesus colocou um ponto final no Velho Testamento", não? Em outras palavras, já que somos salvos pela graça de Deus, por meio da fé, isso quer dizer que podemos ignorar todo o padrão moral que havia sido estabelecido? Parece que o apóstolo já previa perguntas fúteis como essa. Perante esses questionamentos, me responda: "Faz algum sentido perdoar uma pessoa que cometeu adultério, se ela deseja continuar na sua prática?". Imagine seu cônjuge chegando até você e dizendo: "Olha, eu sei que eu errei com essa traição, mas eu não quero parar. Será que está tudo bem se continuarmos juntos e você me perdoar?". Chega a ser cômico, pois algo assim não tem lógica alguma.

Ainda que você tome a decisão de perdoar, essa atitude vai fazer alguma coisa pela pessoa que está em pecado? Nada! Porque o perdão só é consumado através do arrependimento, e onde não há arrependimento, não existe possibilidade de perdão. Dito isso, quando estávamos falando a respeito da condenação ao inferno, você deve se lembrar de que citamos uma máxima muito importante: Jesus não vai salvar a todos! Em primeiro lugar, porque aceitá-lO consiste em muito mais do que dizer ser crente, mas, sim, ter uma vida voltada a Cristo. E, em segundo, e de maneira triste, nem todos querem receber o perdão.

> *O perdão só é consumado através do arrependimento, e onde não há arrependimento, não existe possibilidade de perdão.*

Sendo assim, você e eu precisamos compreender que a salvação é dada apenas para aquele que quer ter uma nova história e crê no poder de Cristo para perdoar seu passado e transformar seu destino. Não existe a possibilidade de ganhar uma apólice do Céu sem que queiramos ser cidadãos de lá. Nossa única garantia da morada celestial é viver em conformidade com a justiça divina manifesta em Jesus.

Quem sabe você tenha percorrido todos estes parágrafos e ficado confuso com tantos conceitos teológicos e termos bíblicos, como justificação, redenção, propiciação e outros. Mas eu acredito que muita coisa nos é agregada no decorrer de nossa caminhada como cristãos. Então, não se preocupe caso tenha se perdido de alguma maneira. O que importa é que o Espírito Santo esteja falando ao seu coração e, em meio a tanta informação, você tenha entendido que a fé em Jesus pode garantir novidade de vida.

Compreende agora o motivo de muita gente dizer que o Evangelho é loucura? Quando tudo se resume a crer em uma obra infinitamente maior do que aquilo que podemos mensurar, é fácil ficarmos atordoados. Nesse processo, chegamos a um ultimato que impactará nosso futuro diretamente: ou essa mensagem é a maior mentira que já ouvimos ou é a verdade mais absoluta do universo. Eu particularmente prefiro acreditar que foi a forma mais bela que o Criador encontrou para nos defender de tudo o que nos oprime. Ir a fundo nessa revelação pode representar insanidade para o mundo, mas, na verdade, nos levará a um novo nível de sabedoria sobrenatural.

O milagre de três tempos

Capítulo 5

Todos os que já tiveram a oportunidade de participar de uma aula de Português passaram por aquela famosa lição a respeito dos verbos. Com certeza, você deve se recordar dos três tempos verbais – passado, presente e futuro – e como cada um deles se divide em várias conjugações.

Do mesmo modo, o milagre da salvação tem uma similaridade muito interessante com essa questão temporal, apagando nosso passado obscuro, ocupando nosso presente de diversas maneiras e permanecendo até a eternidade. Dessa forma, ele nos aperfeiçoa todos os dias para que possamos chegar ao futuro glorioso que foi preparado pelo Senhor.

Entretanto, essa ação sobrenatural, como nós bem entendemos no capítulo anterior, só é possível quando confessamos Jesus Cristo por meio da fé. Assim, podemos classificar essa transformação que engloba os três tempos em nossa vida como o fruto primordial que é gerado pelo contato com o poder do Filho de Deus. Tal efeito foi muito bem abordado pelo apóstolo Paulo no

> *O milagre da salvação tem uma similaridade muito interessante com essa questão temporal, apagando nosso passado obscuro, ocupando nosso presente de diversas maneiras e permanecendo até a eternidade.*

capítulo 5 do livro de Romanos, e essa leitura é essencial para que compreendamos o processo:

> Tendo sido, pois, justificados pela fé, temos paz com Deus, por nosso Senhor Jesus Cristo, por meio de quem obtivemos acesso pela fé a esta graça na qual agora estamos firmes; e nos gloriamos na esperança da glória de Deus. Não só isso, mas também nos gloriamos nas tribulações, porque sabemos que a tribulação produz perseverança; a perseverança, um caráter aprovado; e o caráter aprovado, esperança. E a esperança não nos decepciona, porque Deus derramou seu amor em nossos corações, por meio do Espírito Santo que ele nos concedeu. De fato, no devido tempo, quando ainda éramos fracos, Cristo morreu pelos ímpios. Dificilmente haverá alguém que morra por um justo; pelo homem bom talvez alguém tenha coragem de morrer. Mas Deus demonstra seu amor por nós: Cristo morreu em nosso favor quando ainda éramos pecadores. Como agora fomos justificados por seu sangue, muito mais ainda seremos salvos da ira de Deus por meio dele! Se quando éramos inimigos de Deus fomos reconciliados com ele mediante a morte de seu Filho, quanto mais agora, tendo sido reconciliados, seremos salvos por sua vida! Não apenas isso, mas também nos gloriamos em Deus, por meio de nosso Senhor Jesus Cristo, mediante quem recebemos agora a reconciliação. (Romanos 5.1-11)

No texto que nós acabamos de ler, o apóstolo Paulo também nos apresenta diferentes valores que estão contidos no passado, no presente e no futuro. Se eu pudesse sintetizar esse entendimento, o colocaria da seguinte forma: nós fomos justificados pela Cruz, estamos sendo santificados por meio da fé e um dia seremos glorificados.

Em outras palavras, uma vez que recebemos a justificação pela fé somos submetidos ao milagre da regeneração, em que Deus nos torna verdadeiramente santos. Com isso, o que Paulo está dizendo aponta exatamente para esse "período de transição", em que somos lapidados para uma nova vida em justiça.

Contudo, antes que nos aprofundemos nesse processo, precisamos encarar o reflexo da nova realidade que encontramos em Deus para o nosso dia a dia. Quando temos o impacto inicial com a glória e a santidade de Jesus, a primeira impressão pode ser de que nada disso conseguirá ser aplicado à nossa vida prática. Isso, porque, ao chegar até aqui, você já deve ter percebido o quanto as verdades celestiais diferem do padrão mundano que nos rodeia. No fim, talvez pensemos que é impossível ser totalmente desprendidos das amarras nas quais ficamos aprisionados por tanto tempo, como os vícios e os prazeres da carne. E ao acreditar nisso, passamos a viver em um estado incessante de incômodo, pensando que nunca poderemos ser totalmente limpos e religados ao Senhor.

No entanto, esse desconforto interno não tem origem nas coisas deste mundo. Nossa briga interior não é partidária, governamental ou de cunho familiar e social. O real problema foi concebido lá no Jardim do Éden, quando o pecado nos separou do Criador e fez nascer essa guerra espiritual que nos afeta até os dias de hoje.

Nesse contexto, o que poucos percebem no episódio da queda do Homem é que, após pecarem, a primeira reação de Adão e Eva foi ter medo. Esse sentimento os levou a se esconder da presença de Deus, e, a partir daí, todas as consequências do que haviam feito tiveram desdobramento. Agora, vejam, a principal delas foi exatamente esse conflito, que nos privou da intimidade com o Senhor.

Entretanto, já compreendemos que Jesus resolveu tudo isso na Cruz do Calvário, quando levou sobre Si os pecados e a ira santa de Deus que deveria recair sobre a humanidade. A entrega de Cristo culmina precisamente no que o apóstolo Paulo diz no primeiro versículo da passagem de Romanos – aquele que foi justificado pela fé tem paz com Deus. E é essa compreensão do poder do sacrifício de Cristo que realiza mudanças em nossas vidas.

Passado

Com isso em mente, podemos finalmente mergulhar no entendimento do que é o "milagre de três tempos", começando pela fase inicial: o passado. Para isso, daqui para a frente, iremos nos nortear por algumas afirmações feitas pelo apóstolo Paulo, sendo a primeira delas sobre o amor que Deus já derramou por nós e em nós:

Deus derramou Seu amor em nós

> [...] porque Deus derramou seu amor em nossos corações [...] (Romanos 5.5)

Para falar de amor, vou contar aqui um caso especial que presenciei: um dia eu estava junto a um casal, e a esposa, ali na minha frente, disse ao marido: "Amor, você tinha de ser mais romântico e falar que me ama mais". Na mesma hora o homem olhou para ela e respondeu: "Amor, você lembra do dia do nosso casamento, lá no altar, quando eu falei que te amava? Pois bem, no dia em que eu tiver mudado de ideia, pode deixar que eu te aviso". Além da ignorância óbvia com que ele a tratou, podemos perceber algo mais profundo nessa conversa: é claro que uma declaração feita uma vez na vida não é o suficiente quando não há uma vida de entrega para a outra pessoa. Por isso, não importa o quanto digamos ou demonstremos que amamos alguém; nunca alcançaremos o nível do amor de Cristo, que teve a coragem de se entregar por nós.

No entanto, nos preocupamos demais com declarações e palavras de amor, quando, na realidade, apenas nossas ações podem comprovar que estamos realmente sendo sinceros. Pior que isso, somos muito frágeis quando o assunto envolve o coração, então buscamos "garantias" de que somos amados – como afirmações recorrentes ou demonstrações extravagantes – sem nos lembrar do amor que há muito tempo já foi derramado por nós. E só foi necessária uma atitude de entrega da parte de Deus. Não estou dizendo que o Senhor não expressa Seu amor por nós atualmente de outras maneiras, mas, sim, que não precisamos ficar dependentes daquilo que sentimos ou que recebemos das pessoas, pois temos a maior evidência de todas. Enquanto diversas palavras de amor são levadas pelo vento, muitas vezes, repletas de falsidade, Jesus já provou Seu imenso amor por nós na Cruz, antes mesmo que nascêssemos.

A respeito disso, se voltarmos os nossos olhos para a Palavra, vamos observar algo muito fascinante acontecendo algumas horas antes da crucificação. Em Lucas 22, Jesus orienta os discípulos a respeito da preparação da Páscoa, em que Ele celebraria Sua última ceia na Terra. Aquela reunião, na qual Jesus falou daquele que havia de traí-lO e também de Sua morte, foi deixada para nós como um importante sacramento: a Ceia do Senhor. E essa prática do Corpo de Cristo, além de ser uma ordenança bíblica, tem um objetivo primordial: nos lembrar do que foi feito por nós na Cruz.

Dessa maneira, todas as vezes em que nos unimos para comer do pão e tomar do cálice estamos, cada um de nós, claramente dizendo: "Nunca me esquecerei do Seu amor por mim, Jesus. Eu amo Você". E no mesmo momento, lá do Céu, Cristo nos responde: "Eu também o amo filho, e vou repetir isso quantas vezes forem necessárias". Para alguns crentes, a Ceia funciona como um remédio para a amnésia que muitos têm a respeito desse amor incondicional. Estes só se lembram da entrega de Jesus no momento de realizar esse sacramento.

Entretanto, embora tradicionalmente a maioria das igrejas costuma realizar esse memorial uma vez por mês, temos a chance de agradecer ao Pai e renovar essa lembrança todos os dias. E para nos ajudar, a própria Bíblia nos diz que o Cordeiro já havia se entregado antes da fundação do mundo (Apocalipse 13.8). Então, mesmo quando sua única preocupação era erguer os braços de acordo com o ritmo da "balada", os braços do Mestre já haviam sido pregados no madeiro por você.

Jesus morreu por nós quando ainda éramos fracos

Sabendo disso, vamos à próxima afirmação feita pelo apóstolo Paulo, uma verdade que pode ser muito confrontadora: Cristo morreu por nós no tempo em que ainda éramos fracos (v. 6). Lá no início estávamos falando sobre tempos verbais e, sem muito esforço, podemos ver que a ação expressa nessa frase está no passado. Ou seja, as Escrituras nos afirmam que "éramos fracos", fazendo-nos entender que agora isso não é mais uma realidade. Sendo assim, se um dia fomos dominados pela fraqueza, agora nós fomos fortalecidos pelo sangue de Jesus e pela presença do Espírito Santo que em nós habita.

Eu não sei você, mas, para mim, alguém que foi fortificado pelo Príncipe da Paz não tem o direito de se vitimizar em relação ao pecado. E ainda que todos nós, um dia, já tenhamos dito: "Não adianta, eu não consigo vencer", a verdade é que nossa perspectiva não deveria estar voltada ao fato de não sermos capazes, e, sim, se queremos realmente obter a vitória. Muitos cristãos não percebem que essa é uma batalha que já foi conquistada na Cruz. Nossa única função é decidir se desejamos ou não acessar o que nos está disponível em Cristo.

Como pastor, eu atendo muitas pessoas semanalmente, e não é difícil aparecerem irmãos com essa mesma indagação. Eles gastam horas dizendo o quanto são prejudicados por algum pecado específico, pedindo sempre a Deus que os ajude naquela situação. Mas o engraçado é que, enquanto a grande maioria tende a dizer que já desistiu de orar buscando forças para resistir, a Bíblia nos afirma que já fomos fortalecidos por Ele. Logo, por mais que eu entenda que existem casos diferentes, no

> *Jesus morreu quando ainda éramos fracos.*

fundo, muitos estão conformados demais em viver uma mesma rotina de erros e não têm o entendimento da força que Deus já lhes deu.

Diante disso, entenda: você é mais forte do que imagina! E essa não é uma frase de autoajuda. No momento em que essa afirmação espiritual for uma verdade no seu coração, sua perspectiva diante do pecado mudará completamente. Ainda assim, sabe por que muitos não conseguem assimilar isso, ainda que tudo pareça tão simples? Não quero ser repetitivo com tópicos que já tratamos em capítulos anteriores, mas você, com certeza, já entendeu que a fé, assim como o amor, não é uma questão de declaração, mas, sim, de atitude.

É lindo dizer que, quando pensamos estar fracos, na verdade, somos fortes (2 Coríntios 12.10), porém, no instante em que a Igreja passar a viver isso na prática, teremos um povo extraordinário pisando na Terra. Então, se você depositou sua fé em Jesus, a força d'Ele para resistir ao mundo está dentro de você. Deixe o estado de fraqueza no passado e siga com ousadia em direção àquilo que já está liberado.

Cristo se entregou por pecadores

> Cristo morreu em nosso favor quando ainda éramos pecadores. (v. 8)

Essa afirmação pode parecer óbvia. Mas, mesmo assim, muitos vivem como se o sacrifício de Cristo fosse insuficiente. Alguns preferem recorrer à religiosidade como resposta ao pecado, como uma forma de reparar os erros cometidos. Outros olham para o Céu e só conseguem enxergar um Deus acusador, que não tolera nenhum tipo de falha. Por mais pesado que seja dizer algo assim, algumas pessoas parecem desejar que Jesus morra mais uma vez por elas, ou seja, acham que é necessário mais alguma coisa para que se sintam mais seguras do perdão divino. Esse comportamento é o resultado de uma mente que não consegue enxergar a plenitude da redenção que recebeu.

Eu classificaria essas pessoas como "crentes gangorra/ioiô/montanha-russa". São aqueles que têm como regra de vida a inconstância – uma hora estão ao nosso lado; em outra, não mais. Em um dia podemos contar com eles para tudo e, no momento seguinte, estamos implorando para que voltem aos caminhos do Senhor. A insegurança que eles têm em relação à obra da Cruz os leva a duvidar constantemente, e, por isso, abandonar o caminho certo em alguns momentos. Para essas pessoas, eu tenho algo a dizer: Cristo já morreu por nossos pecados, Ele não precisa sofrer novamente. O perdão que nos foi concedido quando Ele bradou que sua obra estava consumada continua valendo. E isso está disponível para seus pecados de ontem, de hoje e de amanhã. Basta se arrepender.

Muitas vezes, o que tem paralisado muitos de nós no meio da nossa caminhada é a falta da compreensão do perdão de Deus. Ao cairmos em pecado, sentimos que não temos a força necessária para nos colocar de pé, e acabamos nos encontrando em um quadro de estagnação. Mas pense bem: se você caísse na rua, ficaria lá prostrado e choramingando? Pelo contrário, eu creio que muitos se levantariam o mais rápido possível e olhariam para os lados na esperança de que ninguém tenha visto seu tombo. Da mesma forma, já passou da hora de entendermos que as quedas só servem para nos aprimorar e avançar no nosso caminho rumo ao Céu. Caiu? Levante-se, limpe a poeira da roupa, trate dos eventuais machucados e bola para frente.

Presente

Diante de todos os benefícios da Cruz que já recebemos no passado, é importante que entendamos muito bem os conceitos do tempo presente. Isso porque ser atingido por um perdão tão abrangente pode dar margem para que alguns perguntem: "Então, isso significa que eu não preciso mais confessar os meus pecados?". Claro que não! Pelo contrário, nós devemos ter uma vida de humildade e arrependimento constante na presença de Deus, além de reconhecer nossos erros uns aos outros, a fim de que tenhamos comunhão e sejamos tratados e curados (Tiago 5.16). Todavia, esse comportamento só é possível quando entendemos que Jesus é suficiente para nós.

A graça de Deus é o que nos mantêm firmes

No entanto, ainda que a Palavra nos assegure de que não somos mais pecadores, você não está em uma realidade paralela na qual as tentações não existem mais. Pelo menos por enquanto, ainda vivemos em um mundo físico e carnal, onde estamos expostos a todo tipo de oportunidade para pecar. Isso vale para todo mundo, independentemente de posição, idade ou classe social, nem você nem eu estamos fora dessa. Inclusive, não olhe para os pastores e ministros da Igreja como se eles estivessem imunes de tudo que os cerca – minha esposa sabe muito bem que isso não é verdade!

Mesmo assim, se existe algo que nos une é o sangue de Cristo, que nos liberta da escravidão em que, um dia, estávamos inseridos. Ser um pecador não é mais nossa identidade, e não faz mais parte da nossa natureza. E isso é o que nos possibilita viver em um constante processo de regeneração – que faz parte da etapa do presente. Quando eu penso nessa oportunidade de nova vida, logo me vem à cabeça uma passagem muito conhecida do livro de Mateus:

> Qual de vocês, se seu filho pedir pão, lhe dará uma pedra? Ou se pedir peixe, lhe dará uma cobra? Se vocês, apesar de serem maus, sabem dar boas coisas aos seus filhos, quanto

mais o Pai de vocês, que está nos céus, dará coisas boas aos que lhe pedirem! (Mateus 7.9-11)

O que esse texto bíblico mais fala comigo é a respeito de tudo o que Deus deseja fazer em nós e para nós. Se um dia nós fomos iludidos com coisas banais que este mundo poderia oferecer, imagine agora que temos a consciência das bênçãos que são derramadas por nosso Pai. Isso, sim, é felicidade. Nosso Novo Nascimento nos transportou para uma vida de santidade e justiça, onde as dádivas do Senhor são a coisa mais natural. E seguindo esse raciocínio, se aceitamos o amor de Deus quando estávamos em nosso pior momento, antes mesmo de conhecê-lO, por que agora não conseguimos acreditar nesse mesmo cuidado quando caímos? Não podemos negligenciar a vontade do Senhor em querer o melhor para nós.

Dentro disso, você se lembra do momento em que Jesus falou aos seus discípulos que não os considerava mais servos, e, sim, amigos (João 15.15)? Será possível que o Mestre nos chamaria para cooperar em Sua obra, não meramente como servos, mas como amigos, se Ele ainda nos enxergasse como pessoas que não são dignas de confiança? Considerando isso, tome posse da ousadia para entrar na Sala do Trono e descansar na presença do Altíssimo. Dizer coisas como: "Eu pequei, estou com vergonha de orar e de me achegar a Deus" são demonstrações de alguém que ainda não entendeu o Evangelho!

Portanto, se você está lutando contra qualquer pecado ou situação difícil, corra para a graça de Deus. Está precisando de socorro? Meu irmão, você não necessita de um curandeiro, e nem de algum guia espiritual para impor as mãos sobre você e mandar seus problemas embora. Você tem acesso direto à mesa do seu Pai Celestial. Sempre que for preciso, clame pelo auxílio que vem do Alto e veja os milagres sobrenaturais que acontecerão na sua vida. A morte de Cristo foi o preço pago para que o véu dos Santo dos Santos fosse rasgado e você não precisasse de mais ninguém intermediando seu contato com o Criador. Não tente voltar à Antiga Aliança, quando precisávamos de sacerdotes e sacrifícios para nos apresentarmos diante d'Ele. Um novo e vivo caminho foi aberto na Cruz, nos retirando de um passado de dor e nos levando a um presente onde temos paz com Deus.

A esperança da glória

Ainda no trecho de Romanos 5, as palavras do apóstolo Paulo a respeito do presente, e também do futuro, nos mostram que hoje podemos "nos gloriar na esperança da glória de Deus" (v. 2). Mas o que significa isso? Para começar, a vida com Deus já se inicia de modo muito glorioso. Como cristãos, é impossível não reconhecer que, pelo menos uma vez, alguma coisa espiritual, invisível, mas, ao mesmo tempo, palpável e real ocorreu dentro de nós. Isso aconteceu e acontece diariamente, pois agora somos a habitação de uma paz inexplicável, uma alegria que não sabemos de onde vem.

Porém, o que já está em nós não pode ser tudo o que almejamos. Isso é a linha de partida, e não a de chegada.

> *Agora somos a habitação de uma paz inexplicável, uma alegria que não sabemos de onde vem.*

Se ficarmos apegados a essa sensação, corremos o risco de ofuscar algo muito maior e que já se iniciou em nossas vidas, mas que chegará à sua plenitude apenas quando estivermos frente a frente com o Trono de Deus: a eternidade. Veja o que o apóstolo fala sobre isso:

> Se é somente para esta vida que temos esperança em Cristo, dentre todos os homens somos os mais dignos de compaixão. (1 Coríntios 15.19)

Com esse versículo de 1 Coríntios, vamos analisar esta passagem de Colossenses que trata do mesmo assunto:

> [...] Cristo em vocês, a esperança da glória. (Colossenses 1.27)

Sabe o que Paulo está querendo dizer? Se você acha que Jesus serve apenas para restaurar sua família, deixá-lo feliz e lhe dar paz enquanto viver aqui na Terra, você não compreendeu a profundidade das Boas Novas. Quando falamos de um Deus Infinito, não podemos limitá-lO à vida terrena e nem ao que nossa mente mortal pode conceber como esplêndido. A Bíblia nos declara que "nem com ouvidos se percebeu, nem com os olhos se viu um Deus [...] que trabalhe para aquele que nele espera" (Isaías 64.4). Então, devemos, sim, exultar naquilo que já vivemos neste mundo, mas sempre com os olhos voltados à esperança que nos aguarda.

Perseverança na tribulação

Entretanto, quando falamos sobre a graça derramada em nossas dificuldades, pode ser que a palavra "tribulação", presente no versículo 3 de Romanos 5 – nosso texto-base deste capítulo –, fique em evidência. É possível que, enquanto estamos celebrando a vida de Deus em nós, as dificuldades nos aflijam de diversas maneiras, voltando nossos olhos para a realidade passageira. E é justamente em momentos como esses que muita gente parece se decepcionar com o Senhor: "Entreguei minha vida a Jesus, mas agora parece que está tudo parado, eu não consigo senti-lO". Ficam chateados e questionando o propósito de tantos sofrimentos e angústias. Porém, o Nazareno deixou claro:

> Neste mundo vocês terão aflições; contudo, tenham ânimo! Eu venci o mundo. (João 16.33b)

[...] mas aquele que perseverar até o fim será salvo. (Mateus 24.13)

Além dessas palavras de Jesus, temos também o salmista sendo preciso ao anunciar que "o choro pode durar uma noite, mas a alegria vem pela manhã" (Salmos 30.5b).

Todos esses trechos das Escrituras nos mostram que, quando estamos com nossos pensamentos voltados para a promessa que nos foi feita, passamos pelos piores momentos chorando e rindo ao mesmo tempo. Sabemos que toda a nossa tristeza é momentânea, e que a alegria que há de vir será gloriosa. Nós vamos morar em um Novo Céu e em uma Nova Terra, onde Deus enxugará todas as lágrimas que um dia nós já derramamos e não haverá mais tristeza e dor (Apocalipse 21).

Para exemplificar essa discrepância que existe entre o que nos espera no Céu e a realidade terrena, vamos levar em conta as mudanças políticas pelas quais nosso país passou nos últimos anos – e que dividiram a população. De fato, essa reforma na cultura do nosso país gerou esperança no coração de muitos, mas, por melhor que o Brasil possa ficar, tudo sempre será incomparavelmente inferior à glória que nos está reservada. Isto é, por mais que nos esforcemos – e isso não deixa de ser válido e necessário – para criar soluções para os nossos problemas sociais, políticos, econômicos e culturais, a resolução final de tudo só pode ser encontrada na eternidade. O presente, como

Paulo disse, tem sido apenas a ferramenta pela qual nós nos gloriaremos no futuro.

Tendo isso em mente, tire seus olhos daqui e coloque-os na eternidade. Viva com a perspectiva eterna e não com a terrena. As tribulações são certamente a oportunidade que temos para perseverar nessa expectativa. Uma semana de provas na universidade, problemas dentro do casamento, quedas e tropeços... Todas essas dificuldades são chances para avançar e se permitir ter um caráter moldado, transformado e aprovado.

Nesse ponto, fica uma autocrítica à nossa geração – com todo o respeito, mas nós somos um povo mau-caráter. E ainda que com nossas bocas digamos confiar em Deus e em Sua promessa, conseguimos ser inconstantes e falsos a todo momento. Alguns casos são tão graves que não só apontam para nossa natureza pecaminosa, como também demonstram as consequências de não cultivarmos nossa fé todos os dias. Exemplo disso é que se tornou comum ver diversos casamentos em que qualquer um dos noivos jura amor eterno no altar enquanto sustenta um(a) amante por debaixo dos panos.

Fora isso, existem muitas outras pessoas que são incapazes de finalizar seus projetos, iniciando vários planos para o futuro, mas deixando tudo pelo caminho

> *Tire seus olhos daqui e coloque-os na eternidade.*

e frustrando todos os seus sonhos. Em outras palavras, nossa geração é descompromissada e coloca tudo nas mãos da "sorte", esperando o que poderá acontecer um dia. Dessa maneira, desprezam a Lei da Semeadura, expressa em Gálatas 6.7, consequentemente, zombando de Deus. Pessoalmente, eu acredito que esse comportamento nada mais é do que nossa falta de perseverança em meio à tribulação, além do resultado de não entendermos que nossas atitudes (ou a falta delas) geram, necessariamente, uma consequência.

> *Meu irmão, o crente precisa ser "casca-grossa", com mãos, pés e joelhos calejados.*

Quando olhamos para dentro da Igreja, infelizmente, o diagnóstico não é muito melhor. Como falei lá no início, já não é mais raridade encontrarmos irmãos que não aguentam um simples vento mais forte batendo em suas vidas. Qualquer dificuldade é motivo para as pessoas dizerem que Deus as abandonou e que elas estão sentindo o ambiente "frio", ou seja, sem a presença do Espírito Santo.

No entanto, quando eu olho para a Palavra, não vejo Deus contando com um povo fraco e frágil. Longe disso, mas Ele espera o posicionamento de uma Igreja que entende ser santa e justa, escolhida pelo Criador do Universo e que é parte do Seu exército na Terra. Meu irmão, o crente precisa ser "casca-grossa", com mãos, pés e joelhos calejados. Sinceramente, acredito que existem pessoas que nunca tiveram a experiência de dobrar os joelhos para orar, ou nem mesmo saibam o valor real de um relacionamento com o Senhor. E é exatamente por isso que ainda não conseguem perseverar no meio das dificuldades.

É triste constatar que fazemos parte de uma geração tão mimada, que desiste antes mesmo de tentar e abandona tudo o que começa. E quando as coisas não dão certo, semelhantemente ao casal do Éden, preferimos jogar a culpa de nossas falhas nos outros ou recorrer ao "coitadismo". Porém, sinto informar que esse tipo de caráter nunca sustentará um casamento, e nem será capaz de gerir uma empresa ou ser exemplo para alguém.

> *É triste constatar que fazemos parte de uma geração tão mimada, que desiste antes mesmo de tentar e abandona tudo o que começa.*

Depois dessa reflexão, podemos compreender que o apóstolo sintetizou nos versos 3 e 4 de Romanos 5 uma característica essencial a todo aquele que crê em Jesus:

> Não só isso, mas também nos gloriamos nas tribulações, porque sabemos que a tribulação produz perseverança; a perseverança, um caráter aprovado; e o caráter aprovado, esperança. (Romanos 5.3-4)

Um verdadeiro cristão segue em frente custe o que custar, até o fim. Então, se queremos ser um exemplo para este mundo, realmente manifestarmos a luz em meio às trevas, devemos nos tornar pessoas determinadas e resilientes. Não basta que sejamos servos dedicados dentro da Igreja, mas todas as áreas de nossas vidas precisam refletir a marca que há em nossos corações. Só assim teremos nosso caráter aprovado e, desse modo, passaremos a ter esperança, que é uma característica fundamental de se estar vivo:

> Para aquele que está entre os vivos há esperança. (Eclesiastes 9.4a)

Basicamente, enquanto há vida, ainda há esperança. Se isso tem faltado dentro de você, pode ser que a vida esteja se esvaindo. Deixe-me explicar melhor. É a esperança que gera o brilho nos olhos, a vontade de viver. O mundo pode cair ao nosso redor e todas as circunstâncias apontarem para a derrota, mas com esse sentimento continuamos profetizando: "Deus está no controle de tudo, Ele vai fazer o impossível". E como eu já havia dito, isso não é otimismo. É pura e simples fé. Sabe por quê? Porque pessoas assim são movidas por uma palavra de Deus

> *Um verdadeiro cristão segue em frente custe o que custar, até o fim.*

e não por aquilo que os seus olhos estão enxergando naquele momento.

Contudo, o que acontece é que muitas pessoas acreditam que ser cristão resume-se a ficar admirando o exemplo de Cristo, quando, na realidade, ser um discípulo de Jesus implica ir para a prática do que Ele fazia e seguir Seu exemplo. Precisamos ansiar por ser como Ele é, retos, perseverantes e servindo em amor e humildade. Prova disso é que, um pouco mais adiante do texto de Romanos, o apóstolo Paulo, em sua carta aos filipenses, complementa essas afirmações:

> [...] pois a vocês foi dado o privilégio de, não apenas crer em Cristo, mas também de sofrer por ele. (Filipenses 1.29)

Não podemos perder de vista essas verdades tão primordiais. O prazer da vida cristã não está em prosperar, e, sim, em sofrer por causa do Evangelho. Nosso privilégio não é ter uma vida certinha, onde tudo é legal e somos sempre aplaudidos por nossas ações. Pelo contrário, nossa alegria deve estar em permanecer

> *É a esperança que gera o brilho nos olhos, a vontade de viver.*

em Cristo, mesmo que soframos, e isso precisa acontecer no tempo presente. Todos os dias temos de avançar para que esse objetivo seja cumprido e, como a Palavra nos orienta: "Alcancemos a unidade da fé e do conhecimento do Filho de Deus, e cheguemos à maturidade, atingindo a medida da plenitude de Cristo" (Efésios 4.13).

Quando estamos em conformidade com essa ordenança, cumprimos a vontade do Senhor, plantando coisas neste momento para colher na eternidade. Hoje você está passando por angústia e lutas? Saiba que não é o único. Existem vários irmãos espalhados pelo mundo que sofrem para que o testemunho do Evangelho seja sustentado. Não somos os primeiros e nem os últimos a passar por essas situações, mas que este seja o combustível para a perseverança em nossas vidas. Mantenha a cabeça erguida, não hesite em clamar por socorro e veja se Deus não o recompensará com esperança.

> *O prazer da vida cristã não está em prosperar, e, sim, em sofrer por causa do Evangelho.*

Futuro

Por fim, vamos caminhar para a reta final desta análise temporal falando sobre o futuro.

Salvos da ira de Deus

O que Paulo nos diz a respeito da era vindoura é que seremos "totalmente salvos" da ira de Deus (v. 9). Mas espere um momento: quando o apóstolo afirma algo assim, ele não está contradizendo tudo o que discutimos lá atrás? Diante disso, a pergunta que fica no ar é: "Se Deus fez a propiciação dos nossos pecados por meio do sacrifício de Jesus, como ainda pode haver ira sobre mim?". Pior que isso, mas como é possível estarmos "aliviados" e, ao mesmo tempo, sermos alvos dessa fúria divina?

Não é muito difícil resolver esses questionamentos se relembrarmos a lição que aprendemos com o cego de nascença em João 9. Por mais que estejamos guardados pelo sangue de Jesus, nós ainda sofremos "respingos" da ira de Deus, manifesta diante da maldade do mundo, como bem compreendemos em Romanos 1. O que não podemos esquecer, no entanto, é que tudo isso sempre apontará para a glorificação do Senhor.

Participantes da glória de Deus

Um dia, para aqueles que creem, nós viveremos em um lugar de paz total e completa. A tal "utopia", que nenhuma sociedade conseguiu alcançar em sua plenitude, e que sempre foi atrapalhada justamente pela ação do homem, é nossa realidade futura. E é somente em Deus que essa paz eterna e definitiva pode ser gerada.

Dentro disso, falar sobre a eternidade pode abrir um leque de possibilidades e interpretações diferentes, que só serão respondidas quando estivermos lá. Por exemplo, uma afirmação muito comum e que sempre está presente em nossos louvores é: "Eu quero ver Tua face". Não, meu irmão, isso não é uma heresia, desde que você tenha em mente que esse é um pedido que só será atendido futuramente. No máximo, é um equívoco teológico, pois é apenas no futuro majestoso que nos aguarda que seremos glorificados a ponto de contemplar o Senhor em todo Seu poder. Apesar disso, mesmo sem perceber, nós manifestamos o desejo de nossos corações de que esse dia chegue logo. Por isso, cante o quanto quiser, ainda que seja algo impossível em nossa condição atual como seres feitos de carne e osso.

Entretanto, apesar de ser algo muito prazeroso discorrer sobre este tema, vamos encerrar com as palavras de Apocalipse 21, que dão um gostinho para nós de como será o lugar que nos foi preparado cuidadosamente pelo Pai. Use sua imaginação para tentar vislumbrar o que nos foi prometido:

> Então vi um novo céu e uma nova terra, pois o primeiro céu e a primeira terra tinham passado; e o mar já não existia. Vi a cidade santa, a nova Jerusalém, que descia do céu, da parte de Deus, preparada como uma noiva adornada para o seu marido. Ouvi uma forte voz que vinha do trono e dizia: "Agora o tabernáculo de Deus está com os homens, com os quais ele viverá. Eles serão os seus povos; o próprio Deus estará com eles e será o seu Deus. Ele enxugará dos seus olhos toda lágrima. Não haverá mais morte, nem

tristeza, nem choro, nem dor, pois a antiga ordem já passou". Aquele que estava assentado no trono disse: "Estou fazendo novas todas as coisas!". E acrescentou: "Escreva isto, pois estas palavras são verdadeiras e dignas de confiança". (Apocalipse 21.1-5)

Nós vivemos por essa esperança e devemos ocupar nossas vidas buscando esse objetivo, por mais louco que isso possa soar ao mundo. Se você está em Cristo, precisa entender de uma vez por todas que o "aqui" não é tudo, apenas um ensaio para o que há de vir. Todas as coisas que fazemos nesta Terra corrompida deve ser uma anunciação da glória futura que nos é reservada em Cristo Jesus.

Quando essa verdade fizer morada no seu coração e na sua mente, todo sofrimento não será nada, e toda tribulação e angústia deixarão de existir. Não confiamos em homens, que podem nos enganar com falsas promessas ou se arrepender de algo que disseram (Números 23.19). Nossa segurança está em um Deus Fiel, que cumpre tudo aquilo quanto prometeu (Hebreus 10.23). Assim, devemos estar convictos de que Ele há de redimir toda Sua criação e nos tornar participantes de um estado de glória permanente.

Tendo tudo isso em vista, por agora, precisamos levar mais a sério esse compromisso, tendo ciência de que nossa caminhada junto ao Senhor nos conduzirá ao Lar Eterno. Portanto, lembre-se de tudo aquilo que já fomos no passado, do que precisamos fazer no presente e o que esperamos viver no futuro: nos sentaremos à mesa do Senhor e comeremos um banquete como Sua família e Seu povo, pelos séculos dos séculos.

Jesus inaugura o extraordinário

Capítulo 6

Quando olhamos para o mundo recém-inaugurado por Deus, e bem descrito no livro de Gênesis, parece não haver muita correspondência entre a perfeição do Jardim do Éden e a realidade que encontramos hoje. Isso porque, se assistirmos ao noticiário a qualquer hora, é quase certo que, em algum momento, vamos nos deparar com reportagens sobre criminalidade, desastres naturais, aquecimento global e os problemas ligados à poluição pelos quais nosso planeta tem passado.

Porém, algo que o Éden tem em comum com os dias atuais é a presença do Homem. E esse habitante, como as próprias Escrituras afirmam em Gênesis 1.26-31, é diferente de todos os demais seres. Ele foi criado e designado para dominar os animais, as plantas e os outros elementos existentes na Terra. Mas foi justamente essa superioridade que fez que suas ações negativas tivessem um impacto tão profundo no Jardim e, por consequência, em todo o mundo. A decisão de Adão e Eva em desobedecer a ordem expressa do Senhor foi o motivo da ruína daquilo que o Criador havia idealizado com tamanho carinho.

Assim, todas as guerras, os conflitos, a violência e as demais dores que um dia a humanidade conheceu foram originados no pecado que, naquele dia, adentrou nossos corações. Com isso, podemos perceber que o Homem é o principal responsável pelo seu próprio sofrimento. Não é à toa que a Palavra diz que fomos, de fato, mortos no primeiro Adão:

> Portanto, da mesma forma como o pecado entrou no mundo por um homem, e pelo pecado a morte, assim também a morte veio a todos os homens, porque todos pecaram. (Romanos 5.12)

Apesar de parecer algo simples, o termo "primeiro Adão" irá ganhar uma importância enorme para nossa compreensão daqui para a frente. Afinal de contas, pense bem: se o texto diz que existiu um primeiro Adão, temos todo o direito de pensar que ele não foi o único. Mais precisamente, a Bíblia fala de mais um: o segundo (e último) Adão, Jesus Cristo (1 Coríntios 15.45).

Sim, estamos falando d'Aquele que redimiu todo o pecado da humanidade. Se no primeiro Adão, como o verso de Romanos confirma, fomos mortos, o último veio para fazer o processo inverso e nos conceder vida. Podemos dizer que Jesus iniciou um novo povo que, no momento final, culminará no destino do qual falamos no capítulo anterior (um novo Céu e uma nova Terra – Apocalipse 21).

Dentro disso, uma conclusão lógica que podemos tirar desse raciocínio é que, se Deus concedesse o Paraíso aos filhos corrompidos do primeiro Adão, antes que passassem pela justificação de Cristo, eles provavelmente seriam expulsos de lá, assim como seu patriarca foi banido do Éden. Dessa forma, entendemos que estar em um ambiente abençoado não significa nada se não estamos preparados para estar lá. O fato é que somos nós o problema. Não é o lugar que define nossas ações, mas nós mesmos. E, no caso da humanidade, o problema não é meramente uma questão de atitudes, mas, sim, algo que foi corrompido antes mesmo do nosso nascimento.

Logo, devemos voltar a Gênesis para fazer uma observação evidente: se Adão foi o primeiro homem, e com sua mulher Eva eles constituíram o primeiro casal, logo, todos os que vieram desde lá são sua descendência. Se formos um pouco além, não é difícil ligar os pontos: uma atitude ruim tomada na origem da humanidade parece ter influenciado todas as gerações que nasceram daquele momento em diante. Chegamos, então, à causa primaria daquilo que nos fez ser denominados "pecadores". Somos uma linhagem de seres que, por uma escolha feita há muito tempo, foi privada dos benefícios de viver uma vida face a face com o Senhor.

Neste momento, você pode olhar para o que Paulo diz sobre os desdobramentos do pecado na raça humana em Romanos 5 e dizer: "Isso é muito injusto. Não fui eu quem pequei no Jardim, por que preciso sofrer as consequências de algo que eu não fiz?". Mas será que a culpa de tudo isso está centralizada, de fato, nas costas de Adão? Em contraponto a essa queixa, o próprio apóstolo já havia afirmado em Romanos 3.23 que todos pecaram. Então, se o pecado entrou no mundo por meio de um, mas todos nós o cometemos, como funciona essa dinâmica?

Quando as Escrituras asseguram que o pecado foi inserido na humanidade por meio de Adão, elas estão demonstrando que o primeiro ser humano possuía um cunho público e representativo. Público, porque suas ações tinham uma influência direta sobre a vida de todos os que viriam após ele. E representativo, pois, de maneira simples, Adão era o modelo que simbolizava toda a humanidade. Nessa posição, ele não só cedeu à tentação de comer do fruto proibido, mas fez aquilo que qualquer um de nós poderia ter feito, e a verdade é que fazemos todos os dias.

Nessa mesma situação no Jardim, existe um outro detalhe que poucos percebem. Se você já leu Gênesis 3, sabe que a primeira a provar do fruto foi Eva, e que seu marido o comeu posteriormente. No entanto, o nome que está sempre associado ao primeiro pecado é o do próprio Adão. Inclusive, quando Deus questiona o casal, no versículo 9, Ele chama o homem para que este dê explicações. Isso significa que, naquele momento, Adão estava representando primeiramente sua família. E como nós fazemos parte dela também, seu erro introduziu toda sua descendência a um estado pecaminoso.

> *Nessa posição, ele não só cedeu à tentação de comer do fruto proibido, mas fez aquilo que qualquer um de nós poderia ter feito.*

Essa ideia de Adão como aquele que simbolizava toda a humanidade pode até parecer profunda demais ou distante da realidade em que vivemos atualmente.

Mas nada está mais presente na nossa sociedade do que a noção de representatividade. Isto é, com tantos movimentos e ideologias que tentam ditar a vontade popular, sempre acaba surgindo uma pessoa que se propõe a liderar a massa em alguma direção. Na realidade, é interessante como esse entendimento contido na Bíblia desde o início tornou-se uma pauta social de extrema relevância, ainda que não percebamos.

De uma maneira geral, sempre que pessoas se aglomeram, um representante surgirá, seja em superpotências internacionais ou em tribos isoladas. O desejo por liderança parece ser intrínseco ao ser humano. Então, se nosso anseio é por líderes que ouvem as necessidades do povo e defendem seus interesses, no passado fomos muito bem representados por Adão, uma vez que ele escolheu tomar o caminho do pecado, que é o mais popular entre a humanidade até hoje. Logo, ainda que você encare as descrições do Gênesis apenas como figuras de linguagem, Adão continua simbolizando a decisão diária pelo pecado de todos os que não se arrependem.

Agora, o produto dessa insistência no pecado, no passado e hoje em dia, só poderia ser um: a morte. E é isso que Paulo sustenta no versículo em questão neste capítulo (a saber, Romanos 5.12). Contudo, esse resultado vai totalmente contra ao que Deus havia planejado para o Homem. Veja o que o livro de Eclesiastes diz sobre isso:

> Ele fez tudo apropriado a seu tempo. Também pôs no coração do homem o anseio pela eternidade; mesmo assim este não consegue compreender inteiramente o que Deus fez. (Eclesiastes 3.11)

No ecossistema do Éden não havia morte, tudo vivia eternamente, pois foi criado para ser assim. Se o anseio do Senhor era que toda sua criação permanecesse, quanto mais o Homem especificamente, que foi formado à Sua imagem e semelhança. Nós não fomos feitos para morrer, mas esse é o efeito causado pelo pecado em nosso interior. Percebe como um erro foi gerando uma bola de neve de resultados horríveis para a humanidade? O pecado entra por meio de Adão, a morte entra através do pecado e, como todos pecaram, todos morrem.

Além disso, se focarmos no momento em que o Homem ganha vida (Gênesis 2.7), vemos que a sequela da morte é muito pior do podemos mensurar. Nessa passagem, depois de formar Adão a partir do barro, Deus sopra em suas narinas o fôlego de vida. O que aconteceu naquele instante foi que o Criador concedeu ao Homem Sua própria essência. Dessa maneira, quando o pecado nos separa do Senhor, somos afetados não apenas pela morte física, mas também pela morte

> *Nós não fomos feitos para morrer, mas esse é o efeito causado pelo pecado em nosso interior.*

espiritual. Por mais que soframos com doenças, a violência e tantas outras mazelas, nada é pior do que ter a essência espiritual dada pelo Criador corrompida.

Diante de toda essa trajetória de corrupção humana, uma dúvida que provavelmente está surgindo na sua cabeça neste exato momento é a seguinte: "Mas, pastor, Deus não é onipotente, onipresente e onisciente? Então por que Ele criou o Homem e lhe deu Sua própria essência, sabendo que tudo seria corrompido?". Sim, Deus tem todas essas características, e mesmo assim "apostou" em nós. A questão é que o propósito para o qual fomos formados era perfeito, assim como o Criador, mas nós o distorcemos.

Para entender melhor, se coloque no lugar de um projetista que vê suas invenções serem usadas com um objetivo totalmente diferente daquilo que ele havia imaginado. Qual é o sentimento que seria gerado dentro de você? Da mesma forma, Jesus viu o curso da História se desviando do plano do Senhor. Contudo, até mesmo no caos total, Ele pôde ser glorificado por meio de Sua compaixão pelo Homem. Ela é a manifestação da vontade de Seu coração: que toda a humanidade seja salva por meio do sacrifício na Cruz (2 Pedro 3.9) e, assim, viva extraordinariamente.

> *Até mesmo no caos total, Ele pôde ser glorificado por meio de Sua compaixão pelo Homem.*

Bem, creio que depois de tudo isso você pode compreender um pouco melhor o peso que o pecado tem exercido em toda a humanidade, e como isso entristece o Pai. Com essas considerações feitas, quero trazer um aspecto específico da Lei que tem uma relação direta com este assunto: a função que ela cumpre de nos indicar algo que já está errado. Veja o que o apóstolo Paulo fala a respeito da entrada do pecado na humanidade e como esse acontecimento se entrelaça com as ordenanças dadas a Moisés:

> [...] pois antes de ser dada a lei, o pecado já estava no mundo. Mas o pecado não é levado em conta quando não existe lei. (Romanos 5.13)

Atualmente, vemos um levante de ignorância a respeito da Lei. Já discorremos exaustivamente sobre vários aspectos dela em outros capítulos, abordando a negligência com que muitos a tratam e a percepção que algumas pessoas têm de que Deus teria dado um "empurrãozinho" para que o Homem pecasse. Partindo dessa premissa, existem aqueles que chegam a afirmar que a Lei é a mola propulsora do pecado. Nessa concepção, não haveria pecado se a Lei não mostrasse o que é errado e as consequências para quem está imerso nessa vida.

Porém, no versículo em questão, quando Paulo diz que o pecado não era levado em conta, não é porque ele não existia ou não houvesse condenação. Pelo contrário, a Lei veio para que tivéssemos ciência da nossa condição pecaminosa e distante do Senhor. Para exemplificar melhor essa questão, vamos utilizar novamente o caso da fiscalização de tráfego rodoviário: quando um agente de trânsito está apontando o medidor para seu carro na rodovia, o que você faz? A reação mais comum seria diminuir a velocidade, justamente para não tomar uma multa. E mesmo que você continue ultrapassando o limite, será porque você precisa chegar a algum lugar urgentemente e não está levando em consideração a consequência. No fim, o resultado de sua ação, além de uma eventual multa, só apontarão para aquilo que já acontece naturalmente, e não induzi-lo ao erro.

Entende o que eu quero dizer? Nesse aspecto, do mesmo modo que nos comportamos em relação às regras de trânsito, reagimos à Lei de Deus. Ela não veio para fazer o Homem errar, mas para mostrar que ele já estava errado, ou seja, tirá-lo da ignorância.

> *A Lei também veio para que o Homem tivesse consciência de sua trajetória em direção à morte emocional.*

Além disso, embora tenhamos falado sobre a morte física e espiritual, podemos dizer que a Lei também veio para que o Homem tivesse consciência de sua trajetória em direção à morte emocional. Isso, porque muitos dos problemas da alma que permeiam a humanidade desde seu início são consequências do caminho pecaminoso que escolhemos seguir. Prova disso é o que aconteceu com a Primeira Família logo após o pecado. Resumidamente, houve uma sequência de catástrofes que começaram a corroer as emoções do homem e da mulher, como também a relação entre eles, antes mesmo de saírem do Jardim: sentiram vergonha e medo; passaram a culpar uns aos outros e se comportar como um casal não muito saudável naquele momento.

Sim, isso aconteceu há muito tempo, e já foi "resolvido" por Jesus, mas a verdade é que nossas escolhas pecaminosas de hoje continuam a gerar problemas comportamentais e emocionais em nossas vidas e na sociedade. Exemplo disso são a fornicação e o adultério. Quando Deus proibiu tais comportamentos, não era apenas um capricho de Sua parte. Na realidade, esses atos ferem diretamente a instituição estabelecida pelo Eterno na criação – a família, formada por meio do casamento. Eu acho que não preciso falar novamente sobre as marcas que esse pecado causa no ser humano para que você perceba o quanto isso leva ao perecimento da alma.

Pior do que isso, nossos pecados não geram consequência somente para nós mesmos. Em casos extremos, é a decisão diária de cometer atos de injustiça que desencadeia alguns dos males sistêmicos da nossa sociedade. Por exemplo, quando uma ou mais pessoas decidem cometer alguma violência contra outras, tomar seus bens ou simplesmente tirar suas vidas. É o que chamamos de criminalidade. E o resultado disso é que, muitas vezes, as pessoas são expostas à violência por tanto tempo que chega um momento em que elas estão praticamente mortas emocionalmente.

Recentemente, eu assisti a uma entrevista com um dos "matadores" do traficante Pablo Escobar. Ele foi indiretamente responsável pela morte de milhares de pessoas, sendo que, sozinho, ele assassinou cerca de 300 pessoas com as próprias mãos. Durante a conversa, era possível perceber a frieza com que ele falava sobre o assunto, como matar parecia algo normal para ele.[1]

Outro exemplo, aqui mesmo no Brasil, são os vários casos de corrupção envolvendo as mais altas autoridades. Um deles envolve o ex-governador do Rio de Janeiro, Sérgio Cabral, que quebrou o estado carioca roubando milhões de reais em várias frentes do governo. Em um dos seus depoimentos, ele admitiu que chegou uma hora em que havia desviado tanto dinheiro que não conseguia mais ver aquilo como algo errado. Sua justificativa para isso foi

> *É a decisão diária de cometer atos de injustiça que desencadeia alguns dos males sistêmicos da nossa sociedade.*

---

[1] **Conheça Popeye, a máquina mortífera de Pablo Escobar**. *The History Channel*. Disponível em *https://br.historyplay.tv/noticias/conheca-popeye-maquina-mortifera-de-pablo-escobar*. Acesso em janeiro de 2020.

que ele se apegou tanto ao poder e à ganância que tudo se tornou um vício.²

Coisas assim acontecem em todas as escalas possíveis, pois o Homem decidiu se distanciar do padrão moral de Deus. E a Lei serve exatamente para nos apontar e nos lembrar do que é certo e do que é errado e nocivo para nós mesmos e para o próximo.

Portanto, diante da Lei, eu e você deveríamos entrar em estado de consciência e arrependimento, clamando por misericórdia e socorro. Ela veio para nos mostrar o quanto estamos afastados do Senhor, mesmo dentro da Igreja e ativos no ministério. Por isso mesmo não podemos perder de vista os ensinamentos contidos nas Escrituras, mas, sim, fazer como diz o salmista Davi: que nosso prazer esteja na Lei do Senhor, para que possamos meditar nela em todo o tempo e guardá-la em nossos corações. Com a Palavra escondida em nosso interior, teremos mais um refúgio nos momentos em que a carne desejar tomar conta de nossas ações.

> *Por isso mesmo não podemos perder de vista os ensinamentos contidos nas Escrituras.*

---

² **'Apego a poder, dinheiro é um vício', diz Sérgio Cabral em depoimento na Justiça Federal**. Publicado por *G1* em 26 de fevereiro de 2019. Disponível em *https://g1.globo.com/rj/rio-de-janeiro/noticia/2019/02/26/sergio-cabral-presta-depoimento-na-justica-federal-no-rj.ghtml*. Acesso em janeiro de 2020.

A esta altura, você já entendeu muito bem os reflexos que o erro do primeiro Adão causou à humanidade. Então, este é o momento de conhecer melhor a obra realizada pelo segundo Adão, que nos proporcionou um caminho rumo ao extraordinário:

> Entretanto, não há comparação entre a dádiva e a transgressão. Pois se muitos morreram por causa da transgressão de um só, muito mais a graça de Deus, isto é, a dádiva pela graça de um só homem, Jesus Cristo, transbordou para muitos! Não se pode comparar a dádiva de Deus com a consequência do pecado de um só homem: por um pecado veio o julgamento que trouxe condenação, mas a dádiva decorreu de muitas transgressões e trouxe justificação. Se pela transgressão de um só a morte reinou por meio dele, muito mais aqueles que recebem de Deus a imensa provisão da graça e a dádiva da justiça reinarão em vida por meio de um único homem, Jesus Cristo. Consequentemente, assim como uma só transgressão resultou na condenação de todos os homens, assim também um só ato de justiça resultou na justificação que traz vida a todos os homens. (Romanos 5.15-18)

Sobre Jesus estava um peso de responsabilidade muito semelhante ao de Adão, ou seja, a missão de representar a humanidade em sua chance de fazer o que é certo. No entanto, com isso, o Messias deveria cumprir todas as profecias a Seu respeito, da mesma forma que precisava ser aprovado pelos critérios da Lei, como entendemos anteriormente. Agora, pense por outra perspectiva: e se Jesus tivesse tropeçado? O que seria de nós? Pelas misericórdias do Senhor, Ele é Aquele que foi prometido, vivendo em santidade e não pecando nem por um segundo. Ou seja, Cristo fez aquilo que gostaríamos que o primeiro Adão tivesse feito. E foi assim que Ele redimiu o Homem. Se o primeiro Adão falhou, o segundo não cometeu nenhum erro. Como a Palavra confirma, se o Homem, no Jardim, trouxe a morte, Jesus dá vida abundante para todo aquele que crê.

> *Cristo fez aquilo que gostaríamos que o primeiro Adão tivesse feito.*

Dessa forma, em Gênesis, vemos Adão inaugurar uma raça pecadora, mas, no Calvário, Jesus deu início a uma linhagem santificada. Para explicitar essa verdade, os versículos que acabamos de ler falam sobre dádiva e transgressão. Como bem sabemos, a transgressão feita no Éden foi o pecado, e a dádiva que nos foi concedida é a graça salvadora. A diferença essencial dessas duas palavras é poderosa: enquanto, por meio da transgressão, estávamos sujeitos ao pecado, pela dádiva, somos libertos e regenerados pelo Espírito Santo para a vida eterna.

A síntese desse contraste é que não existe pecado que seja maior do que a graça de Deus! Não há passado de trevas tão denso que o perdão do Senhor não possa redimir. Todo pecador tem esse presente do

Céu à sua disposição, basta aceitá-lo de todo coração e entendimento. A partir do momento em que o Criador decide nos absolver, não existe nada que possa nos impedir de alcançar esse benefício. E sabe como tudo isso foi possível? Por meio da obediência.

> Logo, assim como por meio da desobediência de um só homem muitos foram feitos pecadores, assim também, por meio da obediência de um único homem muitos serão feitos justos. (Romanos 5.19)

Se um dia o Homem foi "ensinado" a pecar pela atitude de Adão, hoje nós aprendemos diariamente a buscar a santificação pelo exemplo do Salvador. Era o que Jesus fazia com seus discípulos em todas as ocasiões. Ele sabia que não adianta muito gastar horas tentando ensinar teorias, quando é por meio do exemplo que é possível ter um resultado muito mais eficaz. Quem é pai ou mãe entende, mais do que qualquer pessoa, que a melhor forma de educar um filho é através de atitudes que exemplifiquem o que estamos tentando mostrar. Por vezes, uma única ação pode surtir muito mais efeito do que longos e cansativos sermões.

> *Não existe pecado que seja maior do que a graça de Deus!*

Assim, a exemplo de Jesus, entendemos que não basta sabermos, e até confessarmos o que é certo, mas precisamos viver de acordo com a justiça divina. O Senhor exige que deixemos para trás todos os ensinamentos que este mundo tentou nos incutir e olhemos para nosso Pai que, se necessário, está disposto a nos ensinar o passo a passo de uma nova vida.

Eu mesmo tive de passar por esse processo após meu momento de conversão. Algumas vezes, falei um pouco sobre meu testemunho, e você deve ter percebido a mudança que ocorreu. Dizer que eu sou a mesma pessoa de antes seria uma mentira deslavada, pois os sinais dessa transformação são confirmados a todo instante pelo Santo Espírito que habita em mim. Diante dessa e de muitas outras mudanças completas que ocorrem na vida daqueles que passam a andar com Jesus, fica mais fácil entender o que a graça proporciona em um ambiente que estava, aparentemente, perdido:

> A lei foi introduzida para que a transgressão fosse ressaltada. Mas onde aumentou o pecado, transbordou a graça, a fim de que, assim como o pecado reinou na morte, também a graça reine pela justiça para conceder vida eterna, mediante Jesus Cristo, nosso Senhor. (Romanos 5.20-21)

Para compreender a profundidade dessa declaração do apóstolo Paulo, vamos seguir esse raciocínio: se a graça se multiplica onde há pecado, mas isso só acontece com quem é humilde para reconhecer sua condição, então, quanto mais confessamos nossas falhas e fraquezas e nos abrimos para a regeneração, mais a dádiva do sangue de Jesus poderá abundar em nós.

Porém, para que isso funcione, precisamos nos enquadrar na vontade do Senhor. E isso não quer dizer que devemos tentar "caber dentro da Lei", como muitos que ainda não tiveram a revelação da graça e atuam de forma legalista e religiosa dentro das igrejas acreditam. Jesus Cristo morreu para que esse tipo de coisa não acontecesse mais, pois crer no Seu sacrifício garante um novo nascimento. Assim, esse milagre extraordinário é o cumprimento das palavras ditas pelo profeta Jeremias:

> [...] Porei a minha lei no íntimo deles e a escreverei nos seus corações. Serei o Deus deles, e eles serão o meu povo. (31.33)

Isso significa que a regeneração opera o inexplicável, fazendo com que amemos aquilo que odiávamos, que nos importemos com o que estava esquecido e realizemos o que era inalcançável. Isto é, toda Lei que pudéssemos tentar cumprir por medo ou senso de obrigação, mas que falharíamos miseravelmente, em Cristo, passou a fazer parte da nossa natureza regenerada. Uma vez que aceitamos Jesus e deixamos o Espírito atuar em nós, nossas ações refletem naturalmente Sua justiça.

> *A regeneração opera o inexplicável, fazendo com que amemos aquilo que odiávamos.*

Por outro lado, o problema é que muitos não reconhecem a verdade completa sobre o Pai e veem apenas um Deus que deseja resgatar o perdido, e não Aquele que não suporta o pecado. Por causa disso, perdem a reverência e o respeito pela santidade de Senhor. Mas como seria possível sermos regenerados sem reconhecermos nossa corrupção diante de um Deus santo? Um evangelho esvaziado da santidade de Deus está fadado à libertinagem.

Desse modo, apesar de Sua bondade, Deus não passa a mão na cabeça do homem mau e leviano, pois Sua santidade não compactua com aquilo que é errado. Se, por um acaso, você encontrasse uma rádio que transmitisse a "programação do Céu", ouviria anjos cantando: "Santo, santo, santo é o Senhor dos Exércitos; toda a terra está cheia da sua glória" (Isaías 6.3). Ou seja, Deus é imutavelmente santo por toda a eternidade.

> *Quando reconhecermos verdadeiramente nossa condição, teremos os olhos abertos para contemplar um Deus gracioso.*

Com isso, devemos recordar a necessidade que temos de nos apresentar diante da presença do Senhor de forma humilde. Quando reconhecermos verdadeiramente nossa condição, teremos os olhos abertos para contemplar um Deus gracioso que, em

Cristo, perdoou todas as nossas transgressões. Por isso, todas as vezes em que você pensar nas suas falhas, lembre-se de quanto o amor de Deus é maior do que você imagina.

Uma vida cristã saudável é pautada pela afirmação diária do nosso caráter naturalmente pecador, mas nunca se esquecendo do caráter sobrenaturalmente bondoso de Deus. O Evangelho só pode ser realmente experimentado quando vivenciamos a verdade bíblica. Expressa – entre muitas outras passagens – em Efésios:

> *O Evangelho só pode ser realmente experimentado quando vivenciamos a verdade bíblica.*

> Todavia, Deus, que é rico em misericórdia, pelo grande amor com que nos amou, deu-nos vida juntamente com Cristo, quando ainda estávamos mortos em transgressões – pela graça vocês são salvos. Deus nos ressuscitou com Cristo e com ele nos fez assentar nos lugares celestiais em Cristo Jesus, para mostrar, nas eras que hão de vir, a incomparável riqueza de sua graça, demonstrada em sua bondade para conosco em Cristo Jesus. Pois vocês são salvos pela graça, por meio da fé, e isto não vem de vocês, é dom de Deus; não por obras, para que ninguém se glorie. Porque somos criação de Deus realizada em Cristo Jesus para fazermos boas obras, as quais Deus preparou de antemão para que nós as praticássemos. (2.4-10)

O trecho inicia com o versículo 4 dizendo que "Deus é rico em misericórdia". E essa dádiva do Senhor é vista em várias ocasiões nas Escrituras, nas quais Ele demonstra Sua mão estendida ao pecador: ao perdoar a mulher adúltera (João 8.1-11); ao curar o leproso (Mateus 8.1-4); ou quando foi capaz de chamar Judas Iscariotes, o traidor, de "amigo" (Mateus 26.45-50). Da mesma forma, todos os dias, Sua graça e misericórdia continuam concedendo vida a todos os que clamam por Seu Nome.

Sendo assim, a partir dessa nova realidade, esqueça-se do que ficou para trás em sua vida e viva o que Ele declarou sobre sua identidade. Em Cristo, eu e você usufruímos de todos os benefícios da fé. Veja o que a própria Palavra afirma sobre isso em Romanos 8: não existe mais condenação sobre nós (v. 1), pois no Senhor somos mais do que vencedores (v. 37) e nada pode nos separar do Seu grande amor (v. 38)! Mesmo João Calvino, importante reformador cristão, dizia:

> *Em Cristo, eu e você usufruímos de todos os benefícios da fé.*

> Nossa fé não tem que estar fundamentada no que tenhamos pensado por nós mesmos, mas no que nos foi prometido por Deus.[3]

---

[3] CALVINO, João. **Sermones sobre la obra salvadora de Cristo (Sermón 13)**. In: COSTA, Hermisten. *Calvino de A a Z*. São Paulo: Vida, 2006, p. 133.

Finalmente, fomos convidados para persistir caminhando nessa trilha de fé, abraçando o extraordinário inaugurado por Jesus, e confirmado por Deus Pai e pelo Espírito Santo. Agarre-se à promessa de uma nova vida, justificada, e não se canse de relembrá--la a todo instante.

Vida nova, *lifestyle* novo

Capítulo 7

Diante da rotina acelerada que a maioria de nós costuma ter, o crescimento e o aparecimento de redes de *fast food* em todas as esquinas é um verdadeiro incentivo a uma alimentação desregrada, o que tem levado muitos a quadros de saúde preocupantes, como a obesidade. Inclusive, segundo dados do Instituto de Métricas e Avaliação em Saúde (IHME, sigla em inglês), sediado na Universidade de Washington (EUA), mais de 2 bilhões de pessoas – cerca de 30% da população mundial – encontram-se nessa condição.[1]

No entanto, mesmo sabendo que é preciso sair de situações como essas, não são todos que conseguem corrigir esses hábitos ruins. Na realidade, uma mudança drástica assim nunca acontece da noite para o dia. Pelo contrário; na maior parte das ocorrências, a solução vem por meio de uma total reeducação alimentar, alinhando o cardápio e a rotina para reverter o estado de obesidade. Porém, enfrentaremos um longo histórico de comportamentos que eram cotidianos, o que demanda muito esforço e determinação.

Do mesmo modo, acontece quando aceitamos Jesus. Sim, nós fomos resgatados de uma vida sem propósito e levados ao entendimento da graça salvadora. Todavia, sabemos que esse encontro com o sacrifício de

---

[1] **Mais de 2 bilhões de pessoas têm sobrepeso ou obesidade, aponta estudo.** *Estadão*, 20 de junho de 2017. Disponível em: https://emais.estadao.com.br/noticias/bem-estar,mais-de-2-bilhoes-de-pessoas-tem-sobrepeso-ou-obesidade-aponta-estudo,70001851668. Acesso em fevereiro de 2020.

Cristo dá início a um processo que conhecemos como conversão. Nessa etapa, existe a necessidade de uma renovação de mentalidade, para que novos hábitos sejam adquiridos e desenvolvidos, resultando em uma conduta permeada por disciplinas espirituais e santificação diária, distante do pecado que dominava nossas ações. Nesse sentido, veja o que apóstolo Paulo fala a respeito do novo estilo de vida de quem recebeu a Cristo como redentor:

> Que diremos então? Continuaremos pecando para que a graça aumente? De maneira nenhuma! Nós, os que morremos para o pecado, como podemos continuar vivendo nele? (Romanos 6.1-2)

Para contextualizar melhor as indagações do apóstolo, você se lembra das afirmações que ele fez ao final do capítulo 5? Mais especificamente nos últimos dois versículos, Paulo estava concluindo que a Lei foi introduzida para que as transgressões do Homem fossem evidenciadas. Assim, da mesma forma que o pecado aumentou, também transbordou a graça de Deus por meio do sacrifício de Jesus Cristo.

Logo na sequência, no capítulo 6, Paulo questiona de forma bem direta: "O que nós diremos diante disso?". Ou melhor: "O que temos feito, uma vez que sabemos da graça que nos envolve?". Basicamente, levando em conta a ideia de que a graça se multiplica onde a iniquidade é abundante, muitos poderiam pensar que continuar pecando faria com que essa dádiva fosse ainda maior. Por mais ilógico que isso possa parecer, dentro de um ambiente de religiosidade e falta de revelação, um comportamento assim acaba se tornando algo muito natural.

> *Jesus não veio nos salvar de nós mesmos para que permanecêssemos revisitando e desejando nosso passado.*

Contudo, sabe qual é a resposta bíblica para essa situação? "De maneira nenhuma!" (v. 2). Qual é o sentido de morrer para o pecado e tentar ressuscitá-lo repetidamente? E, pior ainda, utilizando a consciência do grande amor de Deus por nós como pretexto para agirmos dessa forma. Não, Jesus não veio nos salvar de nós mesmos para que permanecêssemos revisitando e desejando nosso passado. De que adianta recebermos um novo coração e sermos movidos por antigos sentimentos e paixões? Termos a mente renovada e, mesmo assim, voltarmos a dar vazão aos pensamentos mais impuros e corrompidos? Qual é o propósito de iniciarmos um árduo processo de mudança que parte de dentro para fora e simplesmente o abandonarmos por meros prazeres momentâneos? Logo, assim como no caso da luta contra a obesidade, precisamos nos dedicar a decisões diárias que nos deixem mais "saudáveis" espiritualmente.

Dentro disso, ainda no exemplo da má alimentação, algo para o qual precisamos nos atentar é que existem as pessoas que decidem viver uma reeducação alimentar, mas também há aqueles que estão simplesmente preocupados com a aparência. Nesse caso, a ferramenta a que muitos têm recorrido são as famosas cirurgias plásticas. Entretanto, o que a maioria não sabe a respeito desses procedimentos estéticos é a necessidade de manutenção e cuidado constante a partir da decisão tomada. Quem já se submeteu a esse tipo de intervenção sabe muito bem o quanto um pequeno deslize pode comprometer todo o dinheiro e tempo investidos na busca por se sentir mais

> *Qual é o propósito de iniciarmos um árduo processo de mudança que parte de dentro para fora e simplesmente o abandonarmos por meros prazeres momentâneos?*

> *Porém, seu diferencial é promover a cura definitiva, e não utilizar soluções paliativas, que logo deverão passar por reavaliação.*

satisfeito com seu próprio corpo, além, obviamente, dos riscos de saúde que se corre nesses tipos de cirurgia.

Na vida espiritual, temos uma dinâmica muito parecida. Ao nos converter, passamos pelas mãos da "medicina celestial", com objetivo de nos aliviar das enfermidades da alma – nesse caso, de todos os pecados. Porém, seu diferencial é promover a cura definitiva, e não utilizar soluções paliativas, que logo deverão passar por reavaliação.

Assim, essa "medicina" do Céu tem como alvo principal transformar pessoas completamente, de uma vez por todas. E, para que isso aconteça, a Palavra nos convida a viver de acordo com a justiça de Deus. Por meio dela, nós recebemos um novo *lifestyle* e somos curados da velha doença que nos empurrava ao pecado, nos distanciando de Deus. Mas existe uma grande diferença entre receber e viver aquilo que o Senhor nos proporciona.

Para exemplificar melhor esse conceito, vou contar mais um pouco da minha história. Eu tenho 30 anos e boa parte deles

> *Existe uma grande diferença entre receber e viver aquilo que o Senhor nos proporciona.*

foi vivida dentro da Igreja. Meu pai é pastor desde sempre, então, ainda na infância, fui ensinado a respeito da doutrina e dos preceitos bíblicos. No entanto, ainda assim, minha experiência de conversão só aconteceu há treze anos.

Mesmo depois daquele ápice de arrependimento, a verdade é que ainda existiam muitos maus hábitos que tinham sido cultivados em mim durante o período em que eu estava longe do Senhor. Havia várias dessas coisas que estavam entrelaçadas às minhas atitudes, como o cigarro, uma vida sexual ativa fora do casamento, um vocabulário depravado, além de tantas outras atitudes das quais me envergonho.

> *Algo dentro de mim dizia que aquelas ações não faziam parte da minha nova vida.*

Por isso, tive de passar por uma desintoxicação total. E sabe qual foi a coisa mais louca no andamento desse processo? Não foi necessário ninguém da Igreja apontando o dedo para todos aqueles comportamentos. De alguma maneira, algo dentro de mim dizia que aquelas ações não faziam parte da minha nova vida. Mesmo sem eu saber, o Espírito Santo já começava a testificar no meu interior que eu não era mais a mesma pessoa.

É nesse ponto específico que muitos religiosos começam a entrar em colapso. Afinal, quantos não frequentam a Igreja com uma visão fechada, esperando que a instituição em si os molde por regras criadas pelos homens? Mas a verdade é que essas pessoas não dão voz ao Espírito Santo e deixam de experimentar o estilo de vida extraordinário que há em Cristo. Pelo contrário, elas preferem ficar resguardadas em práticas repetitivas, que são tão superficiais quanto as soluções momentâneas sobre as quais já falamos.

> *Não existe valor algum em domesticarmos a carne apenas para fazermos parte de um convívio social aceitável.*

Contudo, não é isso que Deus quer para Seu povo. Como eu costumo dizer, não existe valor algum em domesticarmos a carne apenas para fazermos parte de um convívio social aceitável. Aliás, o que mais vemos são "cristãos" com anos de caminhada na fé, mas que não se tornaram novas criaturas de fato. Muitos deles não percebem que a transformação não pode ser alcançada apenas por uma reeducação comportamental, mas se trata de um processo

> *A transformação não pode ser alcançada apenas por uma reeducação comportamental, mas se trata de um processo sobrenatural desempenhado pelo Espírito Santo.*

sobrenatural desempenhado pelo Espírito Santo. Infelizmente, para essas pessoas, passar por uma mudança inexplicável assim, exigindo uma entrega total do controle de suas vidas ao Senhor, pode ser quase impossível.

É pouco provável, entretanto, que haja uma transformação verdadeira realizada apenas com base na capacidade humana. Muito menos pode ser descrito pelo nosso intelecto o que acontece dentro de nós. É justamente por essa razão que chamamos esse processo de milagre, que nada mais é do que um ato divino que está fora do alcance do homem comum. E é isso que ocorre quando, pela fé, nós nos rendemos a Jesus. Passamos por uma verdadeira metamorfose espiritual em nosso íntimo – Ele opera em nós um prodígio, nos dando uma nova vida.

> *Milagre nada mais é do que um ato divino que está fora do alcance do homem comum.*

Esse milagre da restauração é algo que pude comprovar por experiência própria. Lembro-me de que, depois de algum tempo prosseguindo na mudança, fui convidado para a comemoração do aniversário de um amigo. Fomos para a praia e, à noite, decidimos sair para um programa mais "intenso". Foi naquele momento em que eu percebi que quem passa pela regeneração não presta nem para se desviar. No meio da "farra", confesso que tentei beber, entrar no clima com a mulherada, mas parecia que nada daquilo fazia mais sentido. Após ter o coração "transplantado" pelo Senhor, por mais que eu quisesse, não conseguia mais amar aquele tipo de ambiente de pecado.

Naquela época, talvez muitos dos meus conhecidos pensassem que meu novo comportamento era apenas uma imposição religiosa, ou ainda uma lavagem cerebral. Inclusive, caso você esteja nessa posição, seus antigos amigos podem considerar que você é somente mais um alienado. E se um dia for confrontado quanto a isso, simplesmente responda de forma bem--humorada: "Eu não faço a menor ideia do que aconteceu!" (risos).

> *Após ter o coração "transplantado" pelo Senhor, por mais que eu quisesse, não conseguia mais amar aquele tipo de ambiente de pecado.*

E você não estaria mentindo. De fato, é um milagre. Algo inexplicável. Não há justificativa para isso que se enquadre na percepção humana, pois, como sabemos muito bem, é uma mudança muito maior que nossa frequência em um "clubinho religioso", mas uma alteração completa de toda nossa índole.

Mais do que isso, agora nos tornamos cientes de uma dimensão que outrora era inacessível: o mundo espiritual. A conversão nos desperta para a realidade de que somos seres espirituais, e não apenas físicos. Isso não é simplesmente uma alegoria bíblica ou uma figura de linguagem. É justamente esse aspecto espiritual da nossa existência que nos torna capazes de passar por todo o processo de conversão, que envolve morrer para quem éramos antes e "nascer de novo", mesmo já sendo adultos.

A respeito dessa dinâmica que acontece no nosso espírito, Paulo escolhe uma palavra-chave para tratar do assunto: o batismo, simbolizando, essencialmente, a morte e a vida em Cristo:

> Ou vocês não sabem que todos nós, que fomos batizados em Cristo Jesus, fomos batizados em sua morte? (Romanos 6.3)

Logo de cara, percebemos que Paulo diz que fomos batizados em Cristo. Contudo, preste atenção: ele não está falando meramente sobre o batismo nas águas, fazendo conjecturas sobre aspersão ou imersão, ou dizendo que devemos ser batizados pelo discípulo "x" ou na igreja "y". O que o apóstolo está querendo deixar evidente é que esse ato é mais do que uma simples confissão pública, é um milagre de imersão no próprio Messias. Seu propósito fundamental é passarmos pelo mesmo processo de Cristo, experimentando Sua morte, mas também Sua vida. É muito mais do que um mero ritual religioso.

De fato, esse é um fenômeno sobrenatural inexplicável, uma vez que também faz parte da dimensão

> *Somente Jesus tem o poder de nos modificar totalmente, oferecendo restauração a homens que outrora preferiram condená-lO.*

espiritual. É o que as Escrituras classificam como mistério, ou seja, algo que não pode ser entendido pela mente humana. A velha criatura que um dia fomos morre, dando lugar a um novo ser, renovado pelo Espírito Santo e pelo sangue de Jesus. Paulo continua essa explicação no versículo seguinte:

> Portanto, fomos sepultados com ele na morte por meio do batismo, a fim de que, assim como Cristo foi ressuscitado dos mortos mediante a glória do Pai, também nós vivamos uma vida nova. (Romanos 6.4)

Perceba: Jesus não veio "enfeitar o pavão", ou colocar adereços no pecador, de forma que mascarasse todos os erros que cometemos. Nada disso! Até porque, se olharmos para uma das pregações mais marcantes do apóstolo Pedro, presente em Atos 3, veremos que nossa situação não era nem um pouco favorável. Nessa passagem, Pedro afirma que nós fomos capazes de matar o Autor da Vida, no entanto, Ele continuou nos amando. Por esse motivo, somente Jesus tem o poder de nos modificar totalmente, oferecendo restauração a homens que outrora preferiram condená-lO.

Apesar disso, muitos ainda buscam socorro na sabedoria humana e em todas as nossas soluções passageiras. Quando digo isso, peço que você não me interprete mal. Não há nenhum problema em ir atrás de ajuda por parte de profissionais de saúde, por exemplo, e de tantas outras pessoas e profissionais capacitados. Mas eu posso garantir que o novo *lifestyle* não pode ser adquirido em cadeiras de consultórios ou por meio de remédios, livros e terapias. Você pode regrar seus hábitos alimentares, iniciar a prática de algum esporte ou encontrar paz de espírito em uma rotina predeterminada, mas essas coisas continuarão sendo apenas simples fragmentos da obra completa que está acessível em Cristo.

> *O novo lifestyle não pode ser adquirido em cadeiras de consultórios ou por meio de remédios, livros e terapias.*

Junto a isso, retornando um pouco à questão do batismo, Paulo também afirma que o efeito do pecado é destruído, já que somos revestidos de um novo ser. Eu fico maravilhado quando vejo pessoas tomando essa decisão de entrega total ao Senhor. Já tive a oportunidade de estar ao lado de muitos irmãos no momento crucial que representa essa decisão, o ritual do batismo nas águas, sendo esta a ferramenta de Deus para conduzi-los nesse ato.

Com os olhos humanos, sempre enxergo pessoas dos mais diversos estilos e aparências submergindo em uma piscina qualquer. Mas, do ponto de vista espiritual, posso contemplar novas criaturas emergindo das águas batismais. Pensar que essa simples ação tem um poder tão extraordinário chega a arrepiar até mesmo uma pessoa como eu, com tanto tempo dentro da Igreja. E isso só é possível porque, se cada cristão que tomou essa decisão crê verdadeiramente no compromisso que estava fazendo, aquelas águas foram o lugar do sepultamento da sua antiga vida, conforme o apóstolo Paulo diz em Gálatas 3.27:

> [...] pois os que em Cristo foram batizados, de Cristo se revestiram.

Se formos mais a fundo nessa afirmação de Paulo, ser revestido em Cristo implica pensarmos sobre algumas questões. Em um primeiro momento, percebemos que o apóstolo não está se referindo aos hábitos religiosos, mas à prática de fé. Até porque, é impossível experimentar a glória desse Novo Nascimento sem que haja fé.

Por outro lado, ser revestido de algo também significa ser semelhante a isso. Sendo assim, devemos encarar que Jesus não é um mero exemplo a ser admirado. O Salvador é nosso modelo

> *É impossível experimentar a glória desse Novo Nascimento sem que haja fé.*

primordial, o padrão que nós devemos almejar para nossas vidas. Ele é o protótipo do Novo Homem que Deus está estabelecendo na Terra, já que, por Sua graça e misericórdia, Ele veio redimir a criação e libertá-la do jugo da morte.

> Se dessa forma fomos unidos a ele na semelhança da sua morte, certamente o seremos também na semelhança da sua ressurreição. Pois sabemos que o nosso velho homem foi crucificado com ele, para que o corpo do pecado seja destruído, e não mais sejamos escravos do pecado; pois quem morreu, foi justificado do pecado. Ora, se morremos com Cristo, cremos que também com ele viveremos. (Romanos 6.5-8)

Entende o que isso significa? Se entregamos nossa vida a Cristo, toda a escravidão de antes foi esquecida no passado. Fomos desencarcerados das prisões de nossa velha natureza e, por mais que o pecado ainda bata à nossa porta, hoje temos autoridade para optar pela santificação. Independentemente das forças pecaminosas que ainda imperam neste mundo corrompido, temos a chance de escolher agradar e louvar a Deus todos os dias com nossas atitudes.

Exemplo disso é que, convivendo e auxiliando pessoas diariamente, vejo muitas histórias espantosas de mudanças de vida da água para o vinho. Se eu contemplar meu próprio testemunho, como você mesmo já deve ter percebido, posso afirmar, categoricamente, que não existe vida melhor do que a com Cristo. Não há nada mais abundante do que isso.

Isso, porque, nessa nova existência, estamos incluídos em um patamar superior de liberdade. Ainda assim, todos os dias somos imersos em uma rotina na qual são feitas propostas tentadoras de todos os lados. E essa é mais uma razão pela qual é importante saber que não somos escravos de nenhum manjar, por mais exuberante que ele possa parecer. Veja, aqui eu me refiro tanto às coisas lícitas como às ilícitas, pois o Inimigo, antes, utilizava qualquer recurso disponível para nos escravizar. Mas, agora, estão nas mãos de Cristo as rédeas espirituais que permaneciam no controle do nosso Adversário.

Em razão disso, tome muito cuidado para conservar esse bem tão precioso. Esteja atento para os sinais de uma conduta enganosa, que nega a vida que recebemos de Deus e nos faz tomar novamente a aparência do pecado, como mortos ambulantes. Ao cair nessa armadilha, começamos a perder a liberdade mais uma vez e optar por aquilo que parece bom, mas nos aprisiona, como uma conta cheia de dinheiro, ou amizades sedutoras que não levam a nada.

Esses bens materiais, bons relacionamentos e *status* podem ser apenas miragens que ocultam um deserto emocional e espiritual. Agindo assim, caímos na ilusão de fazermos as melhores escolhas enquanto, na verdade, estamos voltando ao aprisionamento. E esse comportamento é comum quando deixamos que pequenas brechas da nossa antiga vida continuem existindo. Logo, para que vivamos a vida de Cristo, é necessário que morramos para o velho homem. Ele precisa ser crucificado diariamente, pois é dominado pelo pecado e, em consequência, está destinado à morte:

> Pois sabemos que, tendo sido ressuscitado dos mortos, Cristo não pode morrer outra vez: a morte não tem mais domínio sobre ele. Porque morrendo, ele morreu para o pecado uma vez por todas; mas vivendo, vive para Deus. (Romanos 6.9-10)

Em outras palavras, Paulo está afirmando que nosso Novo Nascimento, além de transformador, deve ser definitivo. Aquele que renasce não pode voltar ao estágio anterior e esperar pelo mesmo processo novamente. Se, de fato, entregamos nossos destinos a Jesus, não existe mais retorno. A partir daquele momento, não possuímos mais o vínculo com as raízes pecaminosas deste mundo, passando a viver dentro da eternidade.

Dessa forma, a consequência lógica disso tudo é que a morte, mas como bem vimos, ela não tem mais poder sobre nós. Assim como a morte não pôde exercer domínio sobre o Messias, nós também estamos isentos dessa condenação. Foi Jesus quem disse: "Eu sou a ressureição e a vida, aquele que crer em mim, ainda que morra, viverá" (João 11.25).

Sabendo disso, certamente você já deve começar a juntar os pontos. Já entendemos que o novo *lifestyle* segue um padrão celestial, e que ele não combina com as normas terrenas. Logo, chegamos ao conceito essencial deste capítulo: Cristo não nos deu uma nova vida para que continuemos vivendo da mesma maneira de antes! Por esse motivo, a Bíblia nos afirma:

> O que furtava não furte mais; antes trabalhe, fazendo algo de útil com as mãos, para que tenha o que repartir com quem estiver em necessidade. (Efésios 4.28)

Nesse sentido, a lista é muita extensa: aquele que mentia, não minta mais; aquele que desejava a mulher do outro, desvie os seus olhos; aquele que vivia na promiscuidade, busque a santificação; e por aí vai. No fim das contas, quem nasceu de novo percebe que essas práticas não fazem mais parte do seu ser.

Agora, tão importante quanto morrer para quem você era, é necessário viver para quem você passou a ser. Sabe por quê? Porque, muitas vezes, o que infelizmente acontece nesse ponto é o encontro com a religiosidade. Alguns de nós, movidos por uma visão equivocada sobre Deus, acabam entendendo que o cristianismo consiste em uma série de restrições de conduta e não em uma vida abundante. Isso se deve, em grande parte, a uma interpretação errada dos desígnios do Senhor, como é o caso dos mandamentos: "não matarás"; "não adulterarás; não furtarás; "não terás outros deuses"; "não dirá o nome do Senhor em vão"... Uma leitura rápida e sem o filtro do Espírito Santo fará que enxerguemos apenas "não, não, não e não".

Porém, por intermédio das palavras do apóstolo Paulo e de tudo o que já aprendemos sobre a Lei, percebemos que, na realidade, Deus sempre teve o desejo de nos aprovar, por mais que as ordenanças dadas a Moisés "disfarçassem" essa vontade divina. O que eu quero dizer é que essas leis, ainda que pareçam tão proibitivas e autoritárias, demonstram um Deus preocupado com Seu povo. Em sua infinita sabedoria, Ele compreendia que seriam muitas as distrações que fariam, até mesmo nos dias de hoje, Sua criação se desviar do caminho da verdade.

Então, uma vez que conhecemos a natureza do nosso Deus e Seu amor e desejo de se relacionar conosco, a conclusão óbvia é que, muito mais do que perder tempo verificando se estamos ou não enquadrados dentro de certas práticas, devemos nos preocupar em viver o novo estilo de vida que nos está disponível. Precisamos desesperadamente deixar de lado os velhos hábitos e qualquer outra coisa que não faça parte da nossa nova natureza, a fim de darmos mais atenção ao que Cristo está nos chamando para participar.

Digo isso como membro da Igreja brasileira, e preciso fazer um grande alerta no tocante a esse assunto:

nós vivemos por anos e anos pregando e ensinando sobre o "Deus do não", enquanto a Bíblia nos apresenta o "Deus do sim". Durante todo o tempo em que estivemos formulando a listinha do "pode ou não pode", várias questões muito mais importantes foram deixadas de lado e perderam a relevância. No momento em que nossos esforços deveriam estar focados em problemas sistêmicos, como orfandade, fome, violência e corrupção dos valores sociais e familiares, preferimos argumentar sobre a doutrina de homens.

Em consequência, os reflexos desses embates doutrinários podem até ter cauterizado nossa fé em algum ponto da caminhada. Mesmo que alguém tenha se convertido recentemente, com certeza, já ouviu falar algo a respeito dessas restrições comportamentais superficiais. E, talvez, essa ainda seja uma pauta que tenha sobrevivido em algumas comunidades cristãs. Em todos os casos, a solução é apenas uma: escutar a voz do Nazareno. Ele está chamando a atenção de todos os que decidiram confiar em Suas palavras, dizendo que devemos estar atentos à ordem de simplesmente viver n'Ele.

Assim, independentemente do grupo do qual você faça parte, um novo *lifestyle* está esperando para ser desfrutado. Se você é um marido, hoje Deus o chama para ser o exemplo do seu lar. Caso seja uma esposa, essa é a oportunidade de ser a mulher mais virtuosa que existe. E se você, neste momento, é um filho que vive com seus pais, é a hora de ser um orgulho para as pessoas que mais se importam com sua vida. E mesmo que você não consiga se enxergar dentro de nenhum contexto familiar natural, saiba que existe uma família espiritual aguardando seus passos em direção a um abraço amoroso.

Nosso Pai Celestial nos possibilitou sermos pessoas extraordinárias, filhos extraordinários, pais extraordinários, cristãos extraordinários, discípulos extraordinários, cidadãos extraordinários, e daí em diante. A regência da negatividade foi pregada na cruz do Calvário, e um novo e vivo caminho foi aberto pelo sangue do Cordeiro:

> Da mesma forma, considerem-se mortos para o pecado, mas vivos para Deus em Cristo Jesus. Portanto, não permitam que o pecado continue dominando o corpo mortal de vocês, fazendo que obedeçam aos seus desejos. (Romanos 6.11-12)

Por isso, mais do que ficar repetindo a mesma coisa exaustivamente, eu quero encorajá-lo a seguir o conselho das Escrituras. Não permita, de maneira alguma, que o pecado volte a ter domínio sobre sua vida. Lembre-se de uma vez por todas: Cristo tem mais para você! Não existem velhos hábitos ou comportamentos mais valiosos do que a chance de uma nova vida. E para que consigamos fazer isso e aplicar esses ensinamentos no nosso cotidiano, o apóstolo nos dá dois conselhos primordiais:

> Não ofereçam os membros do corpo de vocês ao pecado, como instrumentos de injustiça; antes ofereçam-se a Deus como quem voltou da morte para a vida; e ofereçam os membros do corpo de vocês a ele, como instrumentos de justiça. Pois o pecado não os dominará, porque vocês não estão debaixo da Lei, mas debaixo da graça. (Romanos 6.13-14)

O primeiro conselho é: não ofereça seu corpo para o pecado. Sendo mais claro, Paulo nos orienta a desviar nossos passos de tudo aquilo que é contrário ao caráter de Cristo, e isso inclui cada uma das coisas que fazemos, seja qual for a área de nossas vidas: nossas agendas, nosso tempo, nossos recursos e tudo o mais quanto você possa pensar.

Essa entrega total a Jesus foi algo que entendi aos poucos, quando, há treze anos, eu entreguei minha vida a Ele. Antes da minha conversão, eu dedicava tudo o que eu tinha para viver cada segundo da forma mais louca possível. Por exemplo, se eu fosse convidado para ir a uma *rave*, já ia preparado para passar três ou mais noites imerso na insanidade. Eram horas e mais horas escutando o mesmo *beat* em *looping*, dançando até que meu corpo não aguentasse mais. Se eu fosse chamado para beber, então, eu virava todos os canecos possíveis, e assim por diante.

Entretanto, no momento em que eu fui impactado com a revelação de que meu corpo não pertencia mais a essa realidade, a lógica também precisava se inverter.

Se um dia eu havia escolhido ser intenso naquilo que me degradava e não tinha nenhum propósito, agora era a chance de investir toda minha vida em função do Reino de Deus. Essa radicalidade é justamente a base do segundo conselho dado por Paulo: oferecer os nossos corpos ao Senhor.

> *Cristo não morreu em uma cruz para que desperdicemos tempo com uma mentalidade miserável, naufragando à deriva e buscando alimento no lixo.*

Cristo não morreu em uma cruz para que desperdicemos tempo com uma mentalidade miserável, naufragando à deriva e buscando alimento no lixo. Pelo contrário, fomos chamados das trevas para a luz, para viver uma existência vibrante e superabundante. Sabendo disso, tente imaginar tudo aquilo que está aguardando para ser manifestado por meio da sua vida.

Deus tem ministérios para confiar a você, liderando pessoas e gerando discípulos maduros que darão sequência a esse ciclo geracional. Ele quer que você seja o Seu instrumento na Terra, sendo usado nas situações mais inusitadas para revelar o Seu poder em todos os lugares. Mais do que isso, o Senhor deseja capacitar você como um embaixador do Reino de Deus, levando a mensagem das Boas Novas nas ações mais simples do seu cotidiano, provocando uma mudança social relevante e impactando o mundo à sua volta.

Portanto, não tenha receio de servir voluntariamente à obra de Deus e a todos os que mais necessitam. No mesmo propósito, a Igreja também precisa de pessoas que tenham o anseio de investir em cada uma das suas frentes. Quantos de nós, em um passado não tão distante assim, não poupávamos um real quando o assunto era gastar com futilidades, mas, agora, quando temos a oportunidade de aplicar nossos recursos com algo realmente importante, somos mesquinhos e avarentos. E aqui eu não me refiro simplesmente à questão financeira, como as ofertas e o dízimo, mas também a outros tipos de investimento. Pode ser que você esteja perdendo a chance de doar um pouco do seu tempo para ter comunhão com os irmãos, gastando algumas horas para estar à mesa com o próximo. Experimente ser aquele que convida os outros para comer uma *pizza* depois do culto ou tomar um café em um fim de tarde. Enfim, seja alguém disposto a se entregar intencionalmente para o crescimento do Corpo de Cristo.

> *Não tenha receio de servir voluntariamente à obra de Deus e a todos os que mais necessitam.*

Digo isso porque, quando entendemos que todas essas ações não são meros caprichos, mas formas de contribuir para a edificação de tantas pessoas, temos nossa visão espiritual ampliada.

Agora, considerando tudo o que foi dito até aqui, existe um último ponto no qual precisamos ser especialmente ousados. O Evangelho do Reino de Deus significa viver como um testemunho vivo não só perante aqueles que partilham da mesma fé que nós, mas, principalmente, em meio a uma sociedade perdida. Mas, para isso, precisamos nos questionar: ou Cristo, de fato, tem poder, ou Ele é uma mentira em nossa vida. E se Jesus é a verdade em nós, isso precisa impactar a todos à nossa volta.

No entanto, mesmo que tudo isso esteja escancarado diante de nós na Bíblia, por mais que tudo o que eu tenha elucidado possa parecer óbvio demais, você ficaria surpreso ao saber quantas pessoas entendem as palavras de Jesus de forma abstrata. Não se espante caso você mesmo nunca tenha compreendido o real sentido da mensagem do Salvador. Se você chegou até aqui,

> *O Evangelho do Reino de Deus significa viver como um testemunho vivo não só perante aqueles que partilham da mesma fé que nós, mas, principalmente, em meio a uma sociedade perdida.*

eu tenho certeza de que não está lendo tudo isso por uma simples conveniência. Pelo contrário, este é um "chacoalhão" do Espírito Santo para que você tenha uma nova percepção sobre o lugar em que se encontra.

A esse respeito, a Palavra nos diz que, quando não estamos posicionados, podemos ser o motivo pelo qual o nome de Deus é blasfemado entre os gentios (Isaías 52.5). Contudo, agora você já sabe que o desejo d'Ele é que sejamos exemplos excelentes e aprovados em meio aos homens. Mais do que uma boa experiência com o sobrenatural, momentos divertidos com os irmãos ou mesmo uma música emocionante na igreja, Deus tem uma nova história para você.

> *O desejo d'Ele é que sejamos exemplos excelentes e aprovados em meio aos homens.*

Então, se, por algum momento, você falhou na sua conduta, na sua entrega ou no seu comprometimento radical com sua nova natureza, esta é sua chance para fazer o mundo conhecer a Cristo por meio de um novo *lifestyle*.

Escravos da liberdade

Capítulo 8

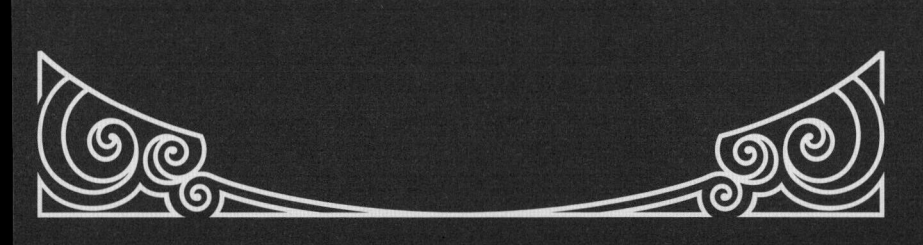

Depois de um mergulho profundo no extraordinário de Deus para nossas vidas, finalmente chegamos ao último capítulo deste livro. Em síntese, podemos dizer que reaprendemos o significado de entregar nossas vidas a Jesus, e como isso implica um novo estilo de vida. A partir dessa escolha, iniciamos uma caminhada com foco na eternidade, tendo nosso próprio Pai andando conosco.

Inclusive, essa sempre foi a vontade do Senhor: reatar o relacionamento com Sua Família. Sim, uma vez que somos Seus filhos, herdeiros e coerdeiros com Cristo (Romanos 8.17), fazemos parte do Seu círculo mais íntimo de convivência. E o interessante disso é que apenas em um ambiente como esse, poderíamos estar realmente livres e abertos para receber a transformação necessária. Como bem sabemos, quando nos encontramos em meio a pessoas que possuem laços de intimidade conosco, o resultado é que nos soltamos completamente e ficamos à vontade para expressar todas as nossas vulnerabilidades.

Assim, o reflexo dessa atmosfera tão aconchegante na qual Deus nos envolve é a abertura para que sejamos melhorados em todos os aspectos. Em um lugar onde entendemos que somos amados, receber correções e mudar comportamentos deixa de ser algo difícil e aterrorizante, e passa a ser algo muito prazeroso.

No entanto, muitas pessoas confundem amor e aceitação com a licença para pecar, e abrem mão de ser realmente transformadas pelo Pai, o que é tão necessário para nosso processo de santificação. Mas é justamente esse comportamento que o apóstolo Paulo refuta com a seguinte afirmação:

> E então? Vamos pecar porque não estamos debaixo da lei, mas debaixo da graça? De maneira nenhuma! (Romanos 6.15)

Diante de uma declaração tão categórica como essa, é possível que ainda haja dúvidas em relação à necessidade de nos esforçarmos para viver de acordo com os princípios de Deus? Ele já nos deu todos os recursos que precisávamos para abraçar uma vida de santidade e abandonar nossas falhas. Jesus zerou nossa conta de erros, nos libertou do jugo do pecado e nos ensinou, como exemplo vivo, a andar em retidão; além disso, nos deu o Espírito Santo para nos aconselhar e nos capacitar a fim de andar conforme a justiça divina.

> *A santificação é de total responsabilidade de cada indivíduo, e não buscá-la evidencia a necessidade de uma real conversão.*

Agora, mesmo entendendo que a salvação não acontece por mérito nosso, o que fazemos depois com todas essas ferramentas que recebemos de Deus é uma decisão nossa. Se optarmos por continuar vivendo em iniquidade, sem abraçar o processo de santificação, estamos aceitando apenas uma parte do plano que o Pai sonhou para nós. Mais do que isso, a santificação é de total responsabilidade de cada indivíduo, e não buscá-la evidencia a necessidade de uma real conversão. Quando Ele nos criou, não nos chamou para vivermos como escravos do pecado, e, sim, para aproveitarmos todo o potencial de Sua graça, para corrermos incansavelmente na direção oposta e chegarmos cada vez mais perto d'Ele:

> Pois o pecado não os dominará, **porque vocês não estão debaixo da lei, mas debaixo da graça**. (Romanos 6.14 – grifo do autor)

As afirmações acima podem parecer óbvias, mas elas apresentam um grave desvio de caráter contido em muitos cristãos, algo que eu costumo chamar de "folga". Esse comportamento pode ser expresso por um ditado popular interessante: "Quando você oferece o mindinho, o folgado pede a mão inteira". Em outras palavras, muitos podem ver a graça como a autorização para continuar alimentando comportamentos antigos. Infelizmente, é assim que agimos em muitas circunstâncias, o que demonstra nossa falta de entendimento sobre a obra redentora de Cristo.

Dessa forma, ser salvo, liberto, se tornar um herdeiro do Céu, ter o nome escrito no Livro da Vida e, ainda por cima, ser chamado de filho pelo Criador do Universo é uma desculpa para ser folgado? De maneira nenhuma! Eu consigo imaginar o apóstolo Paulo escrevendo essas palavras até um pouco irado pelo cinismo de pessoas que agem assim. Afinal, faz algum sentido utilizar a liberdade como uma desculpa para a libertinagem? Obviamente, se eu entrasse em um culto e perguntasse aos irmãos sobre isso, todos responderiam: "É claro que não faríamos isso, pastor. Se Jesus nos salvou, nós não temos desculpas para pecar!". No entanto, na prática, essa é uma atitude que tem se tornado muito comum.

Dentro disso, muitos confundem o fato de sermos pecadores com a escolha de vivermos em pecado. Vemos na Bíblia que esse mal, por enquanto, permeia nossa vida cristã, pois "se afirmarmos que estamos sem pecado, enganamo-nos a nós mesmos" (1 João 1.8). Todos nós cometemos erros e caímos em tentações, sendo cristãos ou não. Todavia, a Palavra reforça que aquele que entrega sua vida a Jesus não é mais um escravo do pecado. Viram a diferença? Não é mais algo planejado, que vive na nossa mente, ou ainda um desejo irrefreável a ser obedecido, mas deve ser um acidente de percurso.

> *Pecar deliberadamente com o entendimento de que Deus vai conceder perdão é fazer mal uso da graça.*

Portanto, pecar deliberadamente com o entendimento de que Deus vai conceder perdão é fazer mal uso da graça. Além disso, precisamos nos lembrar de que hoje somos habitação do Espírito Santo, o único capaz de convencer o homem das suas falhas (João 16.8) e provocar um arrependimento genuíno. Sabe aquela sensação de que alguma coisa que estamos fazendo desagrada a Deus? Essa é justamente a voz do Consolador nos mostrando que há algo de errado naquela atitude. Logo, ignorá-la representa deixar de lado o alerta do próprio Deus.

> *Sabe aquela sensação de que alguma coisa que estamos fazendo desagrada a Deus? Essa é justamente a voz do Consolador nos mostrando que há algo de errado naquela atitude.*

Esse tipo de comportamento só é respaldado pelo conceito de "hipergraça". Isto é, uma mentalidade em que o pecado é considerado como mais um acontecimento qualquer, sem importância. Quando fazemos isso, estamos nos enquadrando exatamente no perfil descrito por Paulo, escolhendo abusar da graça.

> *A dádiva do Senhor não é uma desculpa para o pecado, mas, mais do que isso, trata-se de um incentivo à santidade.*

Tendo isso em vista, o que precisa ficar nítido para todos nós é que a dádiva do Senhor não é uma desculpa para o pecado, mas, mais do que isso, trata-se de um incentivo à santidade. Lembre-se de que, por muito tempo, estivemos debaixo do peso da Lei, impedidos de ter um relacionamento com Ele. É só olhar para toda a preparação que um sacerdote deveria fazer para adentrar o Santo dos Santos, apenas uma vez por ano (Levítico 16). A Lei era um teto intransponível que só poderia ser quebrado pela força esmagadora da graça.

> *A Lei era um teto intransponível que só poderia ser quebrado pela força esmagadora da graça.*

Por mais que fizéssemos algumas coisas boas aqui e ali, nunca atingiríamos o padrão moral que havia sido estabelecido. Alcançar a plenitude em Deus estava fora de cogitação, e somente um novo cenário poderia nos levar a novos patamares de relacionamento com Ele.

Agora, no tempo da graça, eu e você podemos atingir todo o potencial que foi depositado em nós quando fomos criados. Se um dia fomos limitados pelo pecado e aprisionados na religiosidade, hoje podemos ter acesso a um novo nível de liberdade, que nos leva além daquilo que nossa mente humana poderia conceber. Sendo assim, Cristo não trouxe salvação ao mundo para que vivamos restritos a lutar com regras antigas, mas para que a Lei de Deus seja viva em nosso coração, de modo que possamos viver em obediência verdadeira e sem culpa.

Logo, devemos seguir o exemplo dos diversos homens e mulheres de Deus, dentro e fora da Bíblia, que têm sustentado um testemunho de honra à graça. Como o próprio apóstolo Paulo diz, não podemos permitir que essa dádiva seja tratada de uma forma vã ou ineficaz (1 Coríntios 15.10), nos esquecendo da sua capacidade de operar a regeneração nos corações. E essa restauração nos torna não só livres, mas escravos da liberdade.

> *Antes, éramos escravos do pecado...*

Isso, porque é parte da natureza humana servir a algum senhor. Antes, éramos escravos do pecado, aprisionados a ele, e submetíamos nossas vontades à força desse mal. Agora que fomos transformados, somos servos d'Aquele que liberta, e nossos desejos passam a se alinhar com os d'Ele. É disso que Paulo trata no versículo 16 de Romanos 6:

> *... Agora que fomos transformados, somos servos d'Aquele que liberta.*

> Não sabem que, quando vocês se oferecem a alguém para lhe obedecer como escravos, tornam-se escravos daquele a quem obedecem: escravos do pecado que leva à morte, ou da obediência que leva à justiça?

Preste atenção nessa afirmação: nós somos escravos daquilo ao qual obedecemos. Caso escolhamos viver na escravidão do pecado, já sabemos que a morte nos aguarda. Por outro lado, se nossa opção for a obediência ao Senhor, com certeza, alcançaremos não só a justiça, mas também a eternidade. Por isso, é preciso que cada um de nós se pergunte constantemente: "A quem tenho servido? Quem é meu senhor?". E não adianta nos precipitarmos para responder a esses questionamentos, pois temos de fazer uma análise minuciosa sobre os frutos que temos gerado, pois eles apontarão para quem tem governado nossas ações.

Digo isso porque já fomos alertados previamente sobre os perigos de sermos seduzidos por nossas próprias ilusões. É Deus quem diz, por meio do profeta Isaías, que Seu povo o adora com os lábios, mas seu coração encontra-se muito distante d'Ele (Isaías 29.13). A verdade é que a servidão a Jesus está intimamente entrelaçada à obediência e à submissão a Ele. E isso não é algo que vai acontecer como em um passe de mágica, mas deve ser uma escolha pessoal. Sim, somos nós quem decidimos quem será nosso soberano: a graça ou o pecado.

> *A servidão a Jesus está intimamente entrelaçada à obediência e à submissão a Ele.*

Agora, para respondermos a nós mesmos com sinceridade sobre quem temos servido até aqui, vale

> *Não há nada de errado em buscar conhecimento e consultoria financeira para prosperar mais, desde que você entenda que, no fim, a Palavra do Eterno permanece infalível e imutável.*

a pena fazermos algumas reflexões. Pergunte a si mesmo: "Quem comanda minha vida? Quem orienta meus passos?". Para encontrar as respostas, podemos observar as marcas de cada uma dessas inclinações em coisas simples e cotidianas. Por exemplo, na forma como administramos nosso tempo. Em quais atividades temos gastado mais horas? Elas têm um propósito e são realizadas com base nos princípios e nos valores das Escrituras? Ou simplesmente estamos deixando a vida nos levar?

Outra forma de avaliar nossas prioridades é refletir sobre em que investimos nosso dinheiro, já que, na nossa sociedade, damos uma alta importância a esse recurso. Então, pense em sua vida financeira: como você tem distribuído os recursos provenientes do seu trabalho? Será que você tem procurado formas de servir ao Senhor da melhor maneira

> *Quando preferimos ser escravos da sabedoria humana, estamos, inconscientemente, destronando o Altíssimo de Seu lugar em nossos corações.*

possível, pedindo sabedoria do Céu e depositando seu bom tesouro nas mãos d'Ele? Podem até existir várias vozes sábias por aí, vindas de profissionais realmente capacitados nessa área ou em outras, porém, quem tem dado a última palavra nas suas decisões? Não há nada de errado em buscar conhecimento e consultoria financeira para prosperar mais, desde que você entenda que, no fim, a Palavra do Eterno permanece infalível e imutável.

Em suma, quando preferimos ser escravos da sabedoria humana, deixando-a interferir mais do que a voz do Senhor em nossas decisões, estamos, inconscientemente, destronando o Altíssimo de Seu lugar em nossos corações. Essa alternativa faz que tiremos os olhos do propósito divino e nos encantemos, ou até cobicemos, os enganos da Terra. Quem sabe, você já não esteja acometido da "síndrome do Salmo 73", tendo inveja da prosperidade dos ímpios? Talvez, assim como o salmista, seja o momento de regressar aos átrios do Senhor e ouvir novamente que Ele é absoluto em tudo:

> Quando tentei entender tudo isso, achei muito difícil para mim, até que entrei no santuário de Deus, e então compreendi o destino dos ímpios. Certamente os pões em terreno escorregadio e os fazes cair na ruína. Como são destruídos de repente, completamente tomados de pavor! (Salmos 73.16-19)

Somente o Criador conhece o destino de todos os seres humanos e o resultado de tudo o que temos plantado, tanto no que diz respeito à vida terrena quanto à eternidade. Enquanto estamos encantados pelas miragens da nossa realidade limitada, Deus está contemplando toda a existência de uma forma contínua e atemporal, já que Ele não está restrito à nossa compreensão de tempo e espaço.

> *Ele não está restrito à nossa compreensão de tempo e espaço.*

Para exemplificar esse conceito, imagine que, enquanto para nós a prosperidade seja simbolizada por comer nas lanchonetes que mais gostamos todos os dias, para o Senhor, viver desse jeito pode levar a consequências trágicas, como obesidade e outras doenças, e, em uma última instância, a morte. Parece ser um exemplo muito fútil, mas todos nós sabemos o que uma alimentação feita com base em comidas processadas e sem um equilíbrio com diferentes nutrientes pode ocasionar em nossa saúde. Entretanto, mesmo tendo consciência disso, preferimos deixar nossas vontades serem os juízes das nossas escolhas, nos cegando para o resultado evidente que elas trarão.

Em contrapartida, quando Cristo nos salva por meio da fé, Ele nos dá a capacidade de obedecer a Deus e, portanto, negar essas vontades corrompidas. Além disso, somos agraciados com a visão eterna do Senhor, que não está presa ao que é aparente, mas fixa na eternidade. Dessa maneira, é essa mentalidade que testifica que nós somos salvos, pois decidimos viver em obediência à vontade do Pai.

Para resumir essa ideia, podemos utilizar uma afirmação muito conhecida de Jesus: não é possível que o homem sirva a dois senhores (Mateus 6.24). Por mais que nessa passagem Ele estivesse se referindo especificamente ao dinheiro, ainda conseguimos extrair dela uma lição muito importante. Dentro do assunto que estamos tratando, é possível sermos libertos do pecado e, ao mesmo tempo, permanecermos ligados a ele? Isto é, quando tropeçamos e caímos em tentação, nossa atitude é mergulhar de cabeça na lama ou existe contrição em nossos corações? Dessas duas opções, eu posso garantir que apenas uma delas é a escolha de quem nasceu de novo e serve a Deus e à Sua justiça. O tempo de escravidão ficou para trás, e não há sentido em voltar nossa atenção a uma realidade que não é mais a nossa. Perceba como o apóstolo Paulo trata essa questão nos próximos dois versículos:

> *O tempo de escravidão ficou para trás, e não há sentido em voltar nossa atenção a uma realidade que não é mais a nossa.*

> Mas, graças a Deus, porque, embora vocês tenham sido escravos do pecado, passaram a obedecer de coração à forma de ensino que lhes foi transmitida. Vocês foram

libertados do pecado e tornaram-se escravos da justiça. (Romanos 6.17-18)

Você consegue perceber como Paulo fala a respeito da condição de escravidão utilizando expressões no passado? Da mesma forma, não podemos permitir que os enganos de Satanás sobre nossas novas vidas se tornem uma verdade em nossas mentes. Eu me refiro às mentiras contadas pelo Diabo que são sopradas de maneira sutil, com pequenos sussurros que ouvimos e que nos deixam confusos em relação a quem somos em Jesus. O Inimigo, aos poucos, começa a afirmar que somos escravos da imoralidade, que estamos distantes de Deus e, se não nos certificamos de negar todas essas acusações, acabamos contaminados por esses pensamentos malignos.

> *Talvez não seja fácil nos desfazer da perspectiva humana e adotar a visão de Jesus sobre nós. Porém, são verdades potentes no âmbito espiritual.*

Portanto, se você tem sofrido com essas mentiras, lembre-se de que, dentro de você, existe o poder de dizer "não" ao Acusador e ao seu jugo de pecado, pois um dia você disse "sim" à justiça e à santidade de Deus. Além do mais, o versículo 17 de Romanos 6 afirma que passamos a obedecer de coração o ensino que nos foi transmitido. Pode ser que você não perceba a profundidade dessa declaração, mas basta se lembrar do verdadeiro poder que há no Evangelho.

No entanto, talvez não seja fácil nos desfazer da perspectiva humana e adotar a visão de Jesus sobre nós. É como a própria Bíblia diz: as Boas Novas são loucura para o mundo. Porém, são verdades potentes no âmbito espiritual (1 Coríntios 1.18), uma vez que elas não provêm de sabedoria humana ou consistem em meras informações intelectuais, mas estão pautadas no sobrenatural. Então, quando você se sentir desprotegido diante dos enganos de Satanás, recorra ao poder milagroso que essas palavras de liberdade possuem, capazes de quebrar os grilhões que nos acorrentavam desde o nascimento. Quanto mais você cultivar esses ensinamentos no seu coração, mais eles se tornarão armas perfeitas para combater os ataques do nosso Adversário e seus demônios.

> *Ser livre não diz respeito a não depender de ninguém para fazermos nossas escolhas e construirmos nosso destino, mas, sim, nos submeter à voz da própria liberdade que vem de Cristo.*

Com isso, minha oração, e eu espero que também seja a sua, é que essas poderosas palavras criem raízes profundas dentro de nós, para que, assim, possamos frutificar, sendo cristãos maduros e soldados atentos.

A esta altura, você já percebeu que sempre haverá alguém influenciando a forma como nos vemos, pensamos e as decisões que tomamos, certo? Sendo assim, ser livre não diz respeito a não depender de ninguém para fazermos nossas escolhas e construirmos nosso destino, mas, sim, nos submeter à voz da própria liberdade que vem de Cristo. E isso nos leva a enxergar uma condição muito intrigante a que estamos ligados quando decidimos adotar o novo estilo de vida tendo como base Jesus: devemos ser servos de Sua vontade, e não só desfrutar dela.

Essa declaração pode parecer radical demais para alguns, mas quando olhamos para os exemplos bíblicos, observamos diversos personagens que não hesitavam em se colocar na posição de servos, como é o caso de Tiago (Tiago 1.1), Pedro (2 Pedro 1.1), Judas (Judas 1.1), Timóteo e até mesmo o próprio Paulo (Filipenses 1.1).

Do mesmo modo, todas as nossas ações passam a ter um estímulo diferenciado, porque compreendemos que estamos cumprindo uma ordenança superior. Logo, se o pedido é oferecer a outra face a quem nos fere, qual deve ser nossa resposta? Amém. Orar pelos inimigos? Amém. Perdoar quem nos ofendeu? Amém. Ser submissa ao marido? Amém. Amar sacrificialmente a esposa? Amém. Disciplinar e educar os filhos nos caminhos do Senhor? Amém. Não se colocar em jugo desigual? Amém. Não matar? Amém. Enfim, aquele que entregou sua vida a Cristo deve estar posicionado em um lugar de humildade, onde reconhece que a vontade do Criador é melhor do que a sua.

Contudo, não podemos ignorar que essas afirmações parecem um pouco contraditórias, não? Até porque, no fim das contas, dizer que somos livres do pecado, porém escravos da justiça parece não ter lógica alguma! Ainda por cima se levarmos em consideração como a escravidão, no contexto brasileiro, pode ser um tema muito mais complexo e delicado, por causa de todos os abusos do sistema de escravatura que tivemos. Porém, Paulo não utiliza esse termo tão específico e polêmico à toa, entendemos sua motivação no versículo a seguir:

> Falo isso em termos humanos por causa das suas limitações humanas. Assim como vocês ofereceram os membros dos seus corpos em escravidão à impureza e à maldade que leva à maldade, ofereçam-nos agora em escravidão à justiça que leva à santidade. (Romanos 6.19)

Diante disso, a alegação do apóstolo passa a ser compreensível, pois a natureza humana é fraca, ou, como a própria Bíblia confirma, nossa fraqueza está contida na carne (Mateus 26.41). Em outros termos, ele está falando que fomos presenteados com uma vida que não sabemos viver. Em virtude disso, precisamos de alguém que nos ensine. Logo, Jesus não

> *Logo, Jesus não é meramente a porta para a eternidade, mas nosso guia pelo percurso até o Céu e o destino que esperamos alcançar.*

é meramente a porta para a eternidade, mas nosso guia pelo percurso até o Céu e o destino que esperamos alcançar. Só que, para tanto, precisamos confiar cegamente durante o caminho, até porque nós também não conhecemos o terreno onde pisaremos ao longo dessa trajetória. Se tentarmos guiar a nós mesmos ou encontrar atalhos nessa estrada através de sofismas, filosofias, pensamentos e ideologias, só nos afastaremos cada vez mais da boa, perfeita e agradável vontade de Deus.

Sempre que eu penso nessa louca escravidão que leva à liberdade, me recordo de uma triste história que ilustra as consequências de tentar caminhar sem a ajuda do Espírito de Deus. Certa vez, na Angola, havia um menino de quatro anos de idade, que morava com os pais em um vilarejo bem distante dos centros urbanos. Um dia, devido à condição sub-humana em que se encontravam, os pais da criança acabaram adoecendo e falecendo, e a única porta que existia na choupana onde eles habitavam possuía uma tranca alta.

Por conta do isolamento do local em que aquela família vivia, demorou muito tempo para que alguém sentisse falta do casal, fazendo que a criança passasse um período muito grande sozinha e sem alimentação.

Quando, finalmente, foram à casa descobrir o que havia acontecido, encontraram o menino desmaiado próximo à porta. Infelizmente, a situação era lamentável: para não morrer de fome, o pequeno teve de se alimentar das próprias fezes, o que afetou totalmente sua saúde.

Ao descobrir essa história, uma missionária que estava na região decidiu adotar a criança e a levou para casa com o intuito de criá-la e educá-la. Ainda assim, o trauma daquele episódio tão trágico em sua vida deixou uma marca muito profunda em sua mente. Mesmo anos depois do ocorrido, o menino continuou cultivando o hábito de esconder suas fezes em seu quarto, com medo de que a comida acabasse novamente e ele passasse por todo aquele sofrimento mais uma vez.

> *Se tentarmos guiar a nós mesmos ou encontrar atalhos nessa estrada através de sofismas, filosofias, pensamentos e ideologias, só nos afastaremos cada vez mais da boa, perfeita e agradável vontade de Deus.*

Por mais chocante que esse relato seja, ele tem uma semelhança com as ações que muitos de nós temos sustentado. Mesmo com a liberdade e a salvação tendo nos alcançado, muitas vezes, preferimos recorrer à sujeira que nos alimentou quando estávamos perdidos na podridão. Pior do que isso, optamos por esconder um pouco dessas imundícies como um porto-seguro, caso as coisas não ocorram da maneira como esperamos. Talvez estejamos tão traumatizados com as decepções do passado que desejamos voltar ao aprisionamento pelo simples fato de não sabermos lidar com a liberdade.

É por causa disso que Paulo nos orienta a nos enxergarmos como escravos de Cristo, aceitando que Suas palavras são a única alternativa para desfrutar da nova vida n'Ele. Enquanto estamos insistindo nesses ciclos viciosos de inconstância e infidelidade, Jesus está dizendo: "Eu vim para que tenham vida e a tenham em abundância" (João 10.10b – ARA).

Entretanto, essa abundância só pode ser usufruída quando nos sujeitamos ao Seu dono, o Cristo. Sabe por quê? Caso eu perguntasse para qualquer cristão verdadeiro se ele quer ser escravo da paz, da alegria, da justiça e da retidão, certamente conseguiria apenas respostas positivas. Dessa forma, nós só podemos concluir que, lá no fundo, todos queremos aquilo que Jesus já nos oferece diariamente, mas o problema é que somos teimosos e, por vezes, insistimos em nos manter escravos do pecado. Mas a verdade é que não podemos ter as duas coisas. Veja o que Paulo afirma:

> Quando vocês eram escravos do pecado, estavam livres da justiça. Que fruto colheram então das coisas das quais agora vocês se envergonham? O fim delas é a morte! (Romanos 6.20-21)

Obviamente, Paulo está questionando a cada um de nós: "E aí, qual foi o resultado das escolhas que vocês fizeram quando estavam aparentemente 'livres'?". Em outras palavras, como ficaram nossos corações depois de tantos relacionamentos abusivos? Qual foi a consequência dos encontros que só duraram uma noite? Será que ainda conseguimos olhar para o próximo com pureza, ou apenas como mais um objeto a ser usado e descartado? Isso tudo é um reflexo direto de uma conduta pautada pela falsa liberdade que este mundo oferece, e as marcas dessa vida profana só podem ser curadas quando decidimos abandonar nossas próprias concepções deturpadas. E essas coisas ficam mais claras ainda nos versículos seguintes:

> Mas agora que vocês foram libertados do pecado e se tornaram escravos de Deus, o fruto que colhem leva à santidade, e o seu fim é a vida eterna. Pois o salário do pecado é a morte, mas o dom gratuito de Deus é a vida eterna em Cristo Jesus, nosso Senhor. (Romanos 6.22-23)

Durante todo esse tempo de reflexão a respeito dos ensinamentos contidos nos primeiros seis capítulos do livro de Romanos, você já deve ter percebido como o apóstolo Paulo era bom em estabelecer esses contrapontos entre a vida que levávamos e o que a graça de Deus nos oferece. E é exatamente essa dicotomia que ele arremata nesses dois últimos versos, demonstrando o quanto desconhecemos o caminho da vida, pois fomos ensinados desde pequenos nos caminhos da morte.

Porém, a dificuldade de muitos de entender e praticar esses conselhos tão básicos de Paulo, que nos apontam para a maneira correta de gerar frutos de santidade, indicam um problema comum em muitos irmãos: confundir o amor de Deus com uma aceitação passiva de uma vida de pecados. Essas pessoas não querem sair da zona de conforto, mas reclamam de ter de encarar as consequências de suas próprias escolhas como se fosse uma crueldade da parte de Deus.

Inclusive, não faz muito tempo, eu fiz a seguinte pergunta nas minhas redes sociais: "Coloque aqui nos comentários um mandamento que Jesus pede para que nós obedeçamos". Não era necessário muito esforço para notar que a maioria das respostas se resumia a: amor isso, amor aquilo, ame tal coisa etc. Até aqui, não há nada de errado com isso, já que a Bíblia trata exaustivamente sobre o amor. Mas a questão é: de que tipo de amor estamos falando?

Vimos até aqui que a coisa mais importante que Jesus falou em relação ao amor está no mandamento de amar a Deus acima de todas as coisas. E isso significa, por exemplo, entregar seu dízimo, já que a Palavra nos diz que onde está nosso tesouro ali também estará nosso coração (Mateus 6.21); ou obedecer à vontade de Deus a qualquer custo (João 14.21). Além disso, nas próprias palavras do Mestre, o segundo mandamento é amar o próximo como a nós mesmos. Ou seja, perdoar quem nos ofendeu, independentemente do que tenham feito a nós (Mateus 18.21-22); ou preferir dar honra aos outros do que a nós (Romanos 12.10). A lista de coisas que podemos fazer para demonstrar esse sentimento é infinita e vai muito além de só ser gentil com as pessoas de quem gostamos.

Na realidade, o amor bíblico é claramente sacrificial. E o maior exemplo disso é Jesus. Ele era a única pessoa pura de todos os que estavam à sua volta, não cometeu nem um pecado sequer e, mesmo assim, a multidão da qual Ele tanto se compadeceu foi aquela que O sentenciou à morte na cruz, a maior humilhação que alguém poderia passar naquela época. Mas sabe qual foi a reação do Mestre diante disso tudo? Permanecer em silêncio.

Naquele momento, Cristo estava se fazendo escravo da vontade do Pai, ainda que aquilo significasse Sua morte. Ainda na Sua oração no Getsêmani, Ele disse: "Meu Pai, se for possível, afasta de mim este cálice; contudo, não seja como eu quero, mas sim como tu queres" (Mateus 26.39). Ou melhor: "Pai, eu sei o sofrimento que me aguarda. Eu sei que não vou sofrer apenas fisicamente, mas também vou suportar todo o peso das transgressões de toda a humanidade. Obviamente, esse momento não é o meu desejo mais profundo, mas eu também sei que essa é Sua vontade, então irei cumpri-la, aceitando todas as implicações". Isso, sim, é uma expressão profunda e genuína de alguém que estava disposto a obedecer até as últimas consequências.

Se o Nazareno escolheu não retroceder, por causa de Seu amor pelo Pai e por nós, mesmo sabendo tudo o que O aguardava, quem somos nós para desistir? Pelo contrário, deveríamos fazer a mesma coisa. E em nossas vidas, isso significa olhar para nossas finanças, nossos relacionamentos, nossos vícios e dizer: "Deus, eu realmente não sei que atitudes tomar e nem o que vai acontecer a partir daqui, mas que seja feita Sua vontade". Por mais que essa seja uma das orações mais perigosas que existam, nossa necessidade por Jesus é muito maior do que todas as nossas vontades. Precisamos parar de dar com a cabeça na parede e optar pelo caminho da obediência, por mais que doa e custe toda nossa vida, assim como diz a Palavra:

> Pois quem quiser salvar a sua vida, a perderá, mas quem perder a vida por minha causa, a encontrará. (Mateus 16.25)

Por mais paradoxal que esse versículo possa parecer, na realidade, seu ensinamento é bem prático: se nossa maior preocupação é ganhar aquilo que desejamos para nossa vida, o que podemos lucrar com cada escolha, estamos no caminho errado. O que a Palavra ensina é justamente o contrário: devemos abrir mão do que achamos que vai funcionar melhor para nós e obedecer ao que Deus diz.

Fato é que optar por isso dá certo, e eu posso comprovar com minha experiência. Já tenho mais de 10 anos de casado, e devo admitir que nos primeiros quatro anos nossa vida foi uma bagunça total. Resumidamente, eu e minha esposa tínhamos todos os motivos para nos divorciar. Vivíamos em um desequilíbrio generalizado, com brigas constantes e quase nunca chegando a um consenso sobre o que fazer como família. No meio dessa confusão, sabe qual foi minha escolha? Obedecer a Deus.

> *Perca o controle da sua vida para que ela possa ser dominada por Aquele que tem toda a sabedoria.*

Quando li na Bíblia que deveria amar a Lari como Cristo amou a Igreja, entendi que não poderia desistir tão facilmente. Como já vimos aqui, Ele decidiu amar a todos sem esperar nada em troca dessa relação. Da mesma forma, eu tomei a decisão de amar, proteger e cuidar da minha esposa, não me importando com a situação que nos rodeava. O que aconteceu depois daquela atitude eu posso apenas conceber como um puro milagre, pois só Deus sabe o caos pelo qual estávamos

> *O extraordinário está aguardando por aqueles que cometerão a loucura de serem livres do pecado, mas escravos da liberdade que apenas Cristo nos oferece!*

passando. Hoje eu me alegro de ter feito a opção por perder minha vida para, então, encontrá-la.

Se eu pudesse dar um conselho, com base em tudo o que aprendemos até aqui, é que você faça aquilo que a Palavra nos orienta: perca o controle da sua vida para que ela possa ser dominada por Aquele que tem toda a sabedoria. Entenda que o extraordinário de que tanto falamos só poderá ser acessado quando você fechar seus olhos e se deixar guiar pelo Todo Poderoso. Essa é a decisão mais madura que um cristão pode tomar, por mais ilógica que possa parecer. Na verdade, o extraordinário está aguardando por aqueles que cometerão a loucura de serem livres do pecado, mas escravos da liberdade que apenas Cristo nos oferece!

Este livro foi produzido em Adobe Garamond Pro 12 e
impresso pela Gráfica Geográfica sobre papel Pólen Soft 70g
para a Editora Quatro Ventos em abril de 2020.